コラージュ入門

藤掛 明
FUJIKAKE Akira

一麦出版社

Soli Deo Gloria

目　次

コラージュ入門

はじめに ── コラージュってなに？ ──

　Aは働き盛りの会社員.
　ある日, コラージュ作りの研修会に参加してみた.

　コラージュとは, 台紙（画用紙など）に, 雑誌の写真の切り抜きを自由に貼り付ける作業である.

　最初, Aには自分の内面を暴露されるのではないかという不安もあった.
　しかしやってみるとそんなことはなく, 自分の新たな一面を発見していくような温かい体験であった.

　Aは絵を描くことが苦手であっただけに, すんなりとできたのは意外だった. これだ, という写真1枚を選ぶと, あとはその写真に関連するものが次々と見つかる感じであった.

　そして完成.

　おっ. それなりの作品になっている.
　自分には美的センスがあるのかも？

図
1

Aはそう思いながら，自分の作品に愛着を感じた．

これが，その作品である．
タイトルは「公園にて」．
まず「公園のベンチ」の写真が気に入ったので，どんと貼った．
ついで，「漬け物売り場」（右上）と「男の子たちの作業風景」（右下）を貼った．

ちょうどベンチに自分が座り，今どうしたいのかを空想しているようでもある．

「漬け物」は，体に良い物を食べ，もっと健康管理に気をつけなくてはいけないなという思いを表現した．

また「作業風景」は，これからは，人と一緒に何かを作り，あとに残していきたいという思いを表現した．

Aは，友人にこの作品を見せ，説明した．

この，見せて説明する体験も，心地よいものだった．

友人は，「なんだかわからないけれど，説明を聞くとそう見えてきた」と言い，「漬け物の写真が赤くて目立つな」と素朴な感想をくれた．
Aは最近疲れ気味であったので，赤の印象を「救急車の赤かな（笑）」と，おどけてみせた．すると友人は大笑いして「いや，あなたの場合，燃えるハートの赤だな……」と言った．

　Aが，最も印象に残ったのは，「四人の男の子が手をのばしている写真」を友人がさし，「バレーボールかなにかで，円陣を組んで「ファイト」と言っているところを連想した」と言ったことだ．

　なるほど．たしかにそう言う風にも見える．実際，いろいろな人に応援してもらっているし．そういう場面がいくつかAの脳裏をよぎった．

＊

　本書は，A氏が体験したように，コラージュ作品を作り，分かち合うための実践方法をコンパクトにまとめたものである．また自分が指導者として，グループでコラージュ作りをする場合の留意点についても述べている．

　ここでコラージュというのは心理療法としてのコラージュをさしている．ただし本書では，一般の人たちを対象に自己発見や成長を扱おうとしており，その意味から，コラージュ療法の「療法」という言葉を思い切って省略し，単に「コラージュ」という呼び方でとおした．

　また，コラージュはきわめてシンプルな方法が決められているだけであるので，実践者の工夫が可能である．筆者も，その人のイメージの世界をより味わいやすくするために，状況に応じてコラージュの方法を大胆にアレンジすることがある．本書では，筆者の選りすぐりの「アレンジ」を紹介した．

　コラージュの存在を気にはしながら遠くから眺めている人にとっては格好の入門書として，また，コラージュの世界にどっぷりと浸かっている人には思いもよらないアレンジ（変法）を楽しむ指南書として，本書が多くの人に届くことを願っている．

1

コラージュ入門

第一部　コラージュの基本的方法

1章　コラージュを作ってみよう

「コラージュ」とはいったいどういうものか.

多くのコラージュづくりの体験者は,「一度やるとはまる」と言い,

「楽しい」

「気持ちが落ち着く」

「元気がでる」

そして「自分を新しく発見できる」「自分が好きになれる体験」とまで言う.

また, グループでやることに関しても「盛り上がる」「人と深い交流ができる」など, 非常に評判がよい.

「コラージュ」とは, 雑誌から, 好きな写真を何枚か切り抜いて, 画用紙にそれを貼り付ける描画方法である. たったこれだけの作業なのだが, 完成した作品は, 独特の魅力を放つ. それは美術上の美しさというのに止まらず, 自分を新たに知り, 周囲との関係を考えるヒントに満ち

た不思議な魅力がある.

　コラージュで自分を知り，関係を深めるといっても，一大決心もいらないし，告白の勇気も，特別な集中力もいらない. コラージュのイメージの心地よい流れに身をゆだね，そのイメージから，勇気づけられるもの，触発されるものを受け止めていけばよいのである.

　本書では，この「コラージュ」の作り方，その使い方，味わい方，そして進行役としてのグループの導き方について，大切なポイントを紹介する. 最初は，1枚のコラージュ作品がどのように作られるのかを解説していく.

1－1　コラージュとは

　「コラージュ」というのは「のり付けする」という意味で，人が思いを込めて，何かを台紙や板に貼り付ければ，それでコラージュ作品のできあがりということになる. 筆者は職場で，研究室の壁の一面にたくさんの巨大シールを貼り付けたことがあるが，これもコラージュ作品といえる.

　カウンセリングなどで使う,心理療法としての「コラージュ」は，もっとコンパクトなもので，画用紙などの台紙に，雑誌やカタログの切り抜いたものを，自由に貼り付けるものだ.

　台紙サイズに決まりはないが，最初はA4判からB4判くらいのものがお勧めである. ある程度慣れてきたら,あえてサイズを大きくしたり，小さくしたりすることも大切になってくるが，それについてはおいおいにふれていきたい.

1－2　用意するもの

　用意するものは，1）ハサミ，2）のり，3）台紙，4）貼り付けるための切り抜いた素材，あるいは不要な雑誌の四つである（図2）.

1）ハサミにとくに留意点はない.

2）のりは，最初のうちは，スティック・タイプの固形のものをお勧めしたい.

3）台紙は，新たに用意するなら A4 判の画用紙がよいと思うが，サイズは厳密でなくともよい. たとえばカレンダーの裏を使ったり，クロッキーブック自体に貼り付けるなど，工夫しだいで何を使ってもよい. コピー用紙も薄いという欠点が少しあるが OK である.

図2

4）貼り付け素材については，のちほど説明する.

1－3　素材の用意

1－3－1　素材の種類

　素材の用意のしかたには二種類ある[1]. どちらも本質的には同じであり，はじめのうちはあまり神経質になる必要はない.

　① コラージュ・ボックス法（以後，ボックス法とよぶ）

　これは，あらかじめ雑誌やカタログから，写真やイラストを切り抜いておき，それらを箱などに保管しておく方法である. コラージュ作りの際には，作成者はその保管した箱から自由に素材を選び，貼っていく. もちろんハサミを使って，輪郭を変えてもよいし，素材のある一部だけ

1）　森谷寛之が『コラージュ療法入門』（1993 年）の中で，我が国のコラージュ制作法に二つの方法があるとして，マガジン・ピクチャー・コラージュ方式とコラージュ・ボックス方式とよび，定義づけた. 以後，我が国ではこの名称と分類が定着している.

を切り抜いてもよい. また台紙に何枚貼ろうが自由である.

②マガジン・ピクチャー・コラージュ法（以後，マガジン法とよぶ）

これは不要の雑誌などをそのまま用意しておき，作成時に雑誌を見ながら，使いたい写真やイラストをその場で切り抜く方法である.

1-3-2 素材のボリューム

ボックス法の場合は，日頃から保管箱（この箱をコラージュ・ボックスという）に切りためておくのであるが，とかく多数の素材を集めておこうとしすぎる傾向にある. ひとつのめやすとして，一人用の机の上のスペースに素材を重ならないようにひととおり並べられるぐらいのボリュームがあれば十分である. マガジン法の場合は，不要な雑誌が2，3冊あればよい.

1-3-3 個人とグループ

コラージュは，一人で作ることもできるし，グループで作ることもできる. ここでいうグループというのは，2名でも3名でも，またそれ以上でも複数名で集まり，各自で自分の作品を作る場合である.

図3

個人でもグループでも基本は同じである. グループで，かつボックス法でおこなう場合，箱に入れておくのでなく，大きめの机の上に素材を並べ置くようなスタイルにするほうが便利である（図3）. マガジン法の場合は各自が雑誌を持参するので，人数に関係なく，個人の方法のままでよい.

1-3-4 その他

グループの性質に合わせた切り抜き写真をあ

えて用意する必要はない．たとえばキリスト教会で信徒対象にコラージュをおこなう場合，無理をして宗教関係の切り抜き素材を用意する必要はない（もちろん，あってはいけないということではない）．

1－4　時間

作成時間のめやすは，ボックス法の場合は 20 〜 30 分，マガジン法の場合は 30 〜 60 分である．若者はこれより一般に短い．高齢者は一般に長い．またコラージュの初体験者は，経験者に比べ時間がかかる傾向にある．ひとりで作るときも，グループで作るときも，無制限に時間を用意するのは得策ではない．時間的には少し窮屈で急ぐくらいの感覚が大切である．作品を作るのは即興的に取り組むくらいがちょうどよい．

1－5　コラージュ作成の実際

1－5－1　作り方

選ぶにしても，切るにしても，貼るにしても，すべて自由である．よく写真を何枚貼ればよいのかという質問を受けるが，それも自由である．写真を 1 枚だけでもよいし，たくさん貼ってもよい．

また，あまりに自由すぎるとかえって作りにくいこともあるので，大ざっぱにテーマ（課題）を用意するのはひとつの方法である．私は「最近の私の気持ち」というテーマを好んで使う．ほかにも「これまでの私」「これからの私」「未来の私」など，いろいろなテーマを使う．

ここでは，コラージュ・ボックスを使い，「最近の私の気持ち」というテーマで作ることを前提にして話を進める．

教示例
　「今日は，最近の私の気持ち，あるいは最近の私の気分というテーマでコラージュを作ってみましょう．ここにある切り抜きをみて，最近の私の気持ちや気分にあうなあと思うものを自由に選んでくだ

さい．置き方や貼り方も自由です．切り抜きをさらに切ってもかまいません」．

1-5-2 個人の場合

個人で作る．自分で作品に込めた思いを記録するとよい．できれば，後日でもよいので親しい人に見せて，感想を聞くとよい．

1-5-3 二人一組の場合

二人がそれぞれに同時に作る．二人ともできあがったところで，お互いの作品を見せあい，内容について説明したり，感想を述べたりする．

1-5-4 グループの場合

参加者全員が作り終えたところで，一人ずつ順番に，自分の作品を見せながら説明してもらい，全体で分かちあう．

1-6 分かちあいの方法

分かちあいとは，お互いに自分の作品を見せ，説明しあうことである．そして自由に感想を交換する．ただし否定的な感想は控えたほうがよい．

① 自分のコラージュ作品について説明する．

どのような思いを込めて貼ったか．全体の構成でも，個々の写真でも，自由に説明する．また作りながら考えたことなどでもよい．作る途中，作り終わった時点，他の人に説明する時点，それぞれに新しい着想が出てきてもよい．

② 他のメンバーが応答する．

その説明を聞いた他の人（メンバー）は，作品について質問したいことがあれば質問する．そして，簡単な感想・コメントを伝える．それは印象といったもので，けっして何か心理学的な解釈をおこなうのではない．

1−7　作品を味わう勘所

　ここでは作品を味わう勘所を解説したい．自分の作品の特徴や持ち味は，案外と自分ではわからないものである．やはり，他の人に感想を聞かせてもらうのがよい．あわせて，他の人の作品を積極的に味わい感想を伝えることも大切である．

1−7−1　第一印象

　最大の勘所は，人の作品にふれて，その人らしさを作品全体から感じとることである．第一印象が特に大切である．「力強い」「燃えるようなエネルギーを感じる」「静かで平和な雰囲気がある」「繊細である」など，画面全体をとおして感じられるものは作者の本質を端的に表していることが多い．

1−7−2　作者の意図を味わう

　次に，作者の作品に込めた思いを，その説明から理解し，その思いがどのようなイメージとして表現されているのかを味わいたい．「怒り」を表現するのにも，ある人は「実際の人間の怒った顔」を貼るが，ある人は「花火」を，またある人は「ブルドック」を貼るかもしれない．どれもその人らしさである．こうしたことを味わえるだけでもやったかいがある．

1−7−3　多義的に味わう

　さらに，分かちあいでは，イメージの多義性を受け止めることが肝心である．すなわち，作品の中の写真は，ひとつの意味だけでなく，いろいろなものを同時に表している可能性があると考えるのである．
　たとえば「椅子」（図4）を貼った人がいたとする．その人は，「最近疲れているので，座って休みたいという気持ちで椅子を使った」と言う．

図4

この段階で，椅子＝休む，という意味づけをしているのである．これは作者本人がそう言っているのだから間違いない大切な意味である．

同時にメンバーが，「椅子」がオフィス用であることに気がつき，「休むと言ったけど，ソファなどでくつろぐのとは違って何か仕事をしようとしているようにも思える」と言うなら，椅子＝仕事をしたい，という意味が加わったことになる．また，「あなたの椅子は，座りながら360度回れそうで，好奇心を感じる」と感想を述べると，椅子＝好奇心，という意味も付け加わるだろう．

このようにして，分かちあいが深まると，いくつもの新しい意味が生まれてきて，作者自身に新しい気づきが与えられる（もちろん最初のうちは，多義的な味わいができなくてもよい．むしろ素朴な感想を交換しあうようなつもりがよい）．

1−8 ひとつのめやす

最後に，5名でおこなうコラージュを例に，1時間30分の会での時間の配分などを示したい．

①挨拶．教示（10分）

②コラージュの作成（30分）

③一人ずつ自分の作品の説明と感想の交換（50分）

ひとつの作品の説明と感想の交換（10分）×5名

大勢でおこなう場合は，最大2時間くらいまでの時間で設定する．一

人あたりの作品説明と感想の交換を5分くらいに納めて進めると，最大14〜15名でもできる.

1－9　そのほか

　作った作品は保管し，1週間後，1か月後，1年後などに，自分で再度眺めなおすことをお勧めしたい. 作った時の思いを思い出せるし，また眺めなおした時点で新しい意味を見いだすこともある.

　なお，作品については忘れることが多い. 作品の裏側に，作成日，名前，タイトル，簡単なコメントを記入しておくとよい. 最初からコラージュを複数枚作ろうと思う場合は，専用のノートや収納ファイルを用意することも有益である.

2章　コラージュのグループをはじめるにあたって

コラージュのグループをはじめるにあたって，あらかじめ決めておくべきことがある．それらを最小限にまとめると，以下の三つになる．また，それに関連して，二つの大切な考え方についても示したい．

2−1　決めておくこと

2−1−1　テーマの有無・テーマ内容を決める

コラージュは自由度を重んじ，テーマなしでおこなうことが多く，一つの有力な方法である．一方で，1章で述べた理由のほか，グループに関しては共通したテーマを設定することで，参加者が他の人の作品に関与しやすく，筆者としてはテーマを決めることをお勧めしたい．テーマを決める際は，すでに〈自分〉に関するものを例示したが，ほかにも〈集団もの〉〈私と家族〉〈私と学校〉〈季節もの〉〈1年を振り返って〉〈新年度を迎えて〉など，毎回実施のたびに柔軟に決めていきたい．

2−1−2　台紙サイズを決める

A4判からB4判くらいが標準的である[2]．はがきサイズくらいまでならば，小さくしても作ることができる．サイズが大きいと表現がより自由になる．サイズが小さいと表現がより意図的になる．

2−1−3　分かちあう方法を決める

少人数（2〜6名）であれば，互いに自分の作品を説明しあい，素朴な

2）　台紙のサイズに決まりはないが，森谷（2012年）は，一般に「葉書大からB3判が使われている」とし，自身はB4判を使ってきたと述べている．

感想や質問をしあうことで，楽しく進める
ことができる．解釈でなく，印象や感想を
交換するようにすることが大切である．

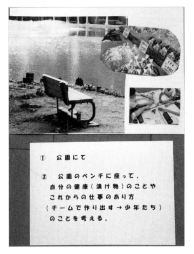

　参加者が大勢の場合は，さらにグループ
に分かれるのもよい．たとえば全体で20
名の参加者がいる場合，分かちあいのとき
には，5名ごとに，四グループに分かれる
方法である．

　とくに方針がなければ，このように少人
数の単位で分かちあうことをお勧めした
い．こうしたやり方は，自然なかたちで分
かちあうことができ，参加者各人の満足
感も確保しやすい．

図5

　ただし，参加者が大勢で，かつ全体で分かちあうことにこだわる場合
は，壁に掲示したり，作業机にそのまま作品を置いたりして，美術館の
ように，一定の時間を設けて自由に歩き回りながら鑑賞するという方法
もお勧めである．この場合は，作者が，自分の作品について簡単なコメ
ント〈最小限の解説〉を別の小さな用紙に書いて，それも作品の脇に提
示すると，他の人が鑑賞するのに役立つ（図5）．

2−2　大切な考え方

2−2−1　分かちあう際に重要なこと

　上述したように，分かちあう方法を決めることは大切である．しかし，
さらに大切なことは，個々の作品の味わい方が適切におこなわれるかど
うか，ということである．コラージュをはじめるにあたって実際に受け
る質問は，ここのところに集中する．すなわち，すぐにでもはじめたい
のであるが，参加者が作った作品をきちんと味わうことが（解釈すること
が）できるのかどうか不安だというのである．

　個々の作品を味わう原則は，「解釈でなく，印象や感想を交換するようにすること」である．コラージュ作品を解釈しようとすると必ず失敗する．解釈する人も，解釈される人も，なにか真実な世界や事柄が明らかにする（される）ことができると考えてしまうと，分かちあいの場が，指導し，指導される関係になり，相互作用性が働かなくなってしまう．

　そこで「印象や感想を交換する」ことが大切になる．これは，別の言葉でいえば，だれもが対等であるということである．コラージュ熟練者のAさんも，今回初めて参加したBさんも，対等の関係で分かちあうのである．そこでは，誰の発言が正しいということがなく，誰かの発言が決定的な力をもたない．安全で，こうして侵食されない雰囲気が確保されることが重要なのである．

　筆者も，コメントをする際，「解釈はしない．印象を述べる」と宣言するようにしている．また，「～という意味もあるかもしれません」．または「～が，印象に強く残りました」という言い方を心がけ，断定しないよう注意している．

　コラージュのグループでは，指導的なコメンターは必ずしも必要ではない．素朴な印象や感想を交換しやすい雰囲気を醸成する人が必要なのである．

2-2-2　作った後も勝負

　作品を作ることだけでも意味があるが，できるなら，その後も作品を眺め直す習慣を作るよう，自分自身にも参加メンバーにも勧めたい．まず，作った直後に，作成日，タイトル，名前，感想などを裏面などに記載しておくことを奨励したい．そして，作品は保管し，後々，眺め直すことを心がける．飾ってもよい．いろいろな保管方法，眺め直し方法があり，工夫のしどころである．

　筆者は，はがきサイズのコラージュ作品を，手帳に挟んでおき，日々手帳を開くたびに眺める習慣があり，お気に入りの方法となっている．

3章　大勢でコラージュを楽しむ

コラージュはグループでおこなうと楽しいし，相互作用も豊かに味わえる．本書では2章において，少人数のグループでの実施方法について説明してきた．この章では，大人数でコラージュをおこなう場合の，特別な留意点について解説することにする.

いちおうここでは，50名くらいのグループを想定していろいろと述べる．もちろん80名以上でも100名以上でも基本的には同じである.

3−1　相互作用性と連帯感を味わう

コラージュの研修を目的とした大規模な研修という機会はそうはないと思う．しかし，大規模イベントの一部に，コラージュが組み込まれることがよくある.

その場合，組み込まれたコラージュのプログラムがうまく運用されれば，参加者集団が相互作用性や連帯感を味わうことができる．他の方法に比べ，コラージュの場合，物事を認識する枠組み自体も変化し，その洞察が持続することが特徴である.

つい先日，15年前におこなった研修会の参加者4名の方に偶然お会いした．その研修会というのは40名規模で，最終日の半日がグループ・コラージュの時間であった．再会の4名の方々は，それぞれに，そのときの自分の作品と，筆者のコメントの内容を詳細に覚えておられ，いろいろと報告されるのであった．筆者は，コラージュにより，一人ひとりが心の深いところでその体験が持続していることを感じたのである.

3-2 実際の留意点

コラージュの作成方法には，あらかじめ切り抜いた写真素材を主催者が用意し，それを使ってもらう「ボックス法」と，参加者に雑誌を持参してもらう「マガジン法」とがある．コラージュ体験を味わうのに，どちらも差はないのであるが，ひとつここで指摘しておきたいのは，作成時間に差が出るということである．ボックス法は，15 ～ 30 分，マガジン法が，30 ～ 60 分と，倍の開きが出る．大きなイベントの中でコラージュを導入する時には時間の観点から，作成時間の短いボックス法を選ぶことがある．

このようなことから，ここでは，まずボックス法固有の留意点を述べ，ついでボックス法・マガジン法双方に共通した留意点を述べたい．

3-2-1 ボックス法の留意点
3-2-1-1 会場の椅子や机がどのように固定されているか

ボックス法をおこなうには，写真素材を並べ置く机を用意し，参加者は，自分の座席からいったん離れ，その机まで素材を選びに出ていき，また自分の席に戻ることになる．人によってはそれを幾度かくり返すこともある．

そのため，会場が離席可能になっているかどうかの確認が大切になる．椅子が横並びで固定され，つながっている会場もある（図

図6

6）．つながってはいなくとも，いったん全員が座ると離席が難しい会場もある．こうした場合，ボックス法は実施できない．

　また，会場の定員いっぱいには使えない．写真素材を置く机とそのスペースを確保する必要があるからだ．参加者8〜10名に対して，素材置き場の長机を一つ用意する必要がある．たとえば，参加者60名の会場ならば，参加者を45名に抑え，使わない机（15名分＝3名使用の会議室用の長机が5個）を素材置き場に転用することになる．

3−2−1−2 椅子だけではできない

　会場の定員は，椅子だけの使用で表示している場合がある．コラージュ作成の作業を各自がおこなうための机スペースが不可欠である．そのため，椅子だけでは使用できない．ただし，椅子に付属のミニテーブルが付いていることがある．こういうタイプの椅子の場合，ボックス法で，かつ使用台紙が小さいサイズ（はがきサイズなど）であれば，実施が可能となる．

3−2−1−3 写真素材を主催者総動員で用意する

　大規模の場合，用意すべき写真素材も大量になる．これを，主催者側で準備してもらうことは大切である．コラージュの講師が，個人的に，あるいは数人の仲間内で素材をあらかじめ切り集めておくことも可能である．しかし，負担が大きくなりすぎることもあるし，主催者の人びとを巻き込んで準備した方が，当日の連帯感も大きく，体験の深まりを促すように思う．

3−2−2 ボックス法・マガジン法双方の留意点

3−2−2−1 貸し出しの用意

　ハサミとのりは参加者に持参してもらうことにしてあっても，当日忘れる人がいる．それに備えて，主催者側で，貸し出し用のハサミとのりを用意しておきたい．また，マガジン法の場合，やはり持参雑誌を忘れる人がいるし，持参雑誌に満足していない人もいるので，余分に用意し

ておく必要がある．主催者が用意する雑誌は，解体しておくと使い勝手がよい．

3－2－2－2 スタッフの配置

講師以外にも，補助スタッフがいると役立つ．遅刻してきた人への配慮や，作業中に質問してくる人への対応などをしてもらう．

3－2－2－3 分かちあいで使用する

会場で作った作品を全体で分かちあうためには，その作品を会場全体から見えるようにする必要がある．小さい会場であれば，講師や補助スタッフが，そのつど，作品を掲げ，場合によっては会場を少し歩き回る方法もある．しかし，それでは見にくく，できれば書画カメラ（実物投影機）を使うことが望ましい．

3－2－2－4 掲示する

研修が連日であったりした場合，会場で作った作品を後で，壁に貼り出すことも有効である．またその応用として，参加者が順番に自作品を説明し，その場でホワイトボードや黒板に貼り付けて，次の人にバトンタッチしていく方法も盛り上がる（図7）．

図7

3－3 その他

このような大規模のワーク中心の研修会をおこなう際，自分が講師・進行役として関わったとき気をつけるべきことがある．それは，主催者側にコラージュのやり方を理解している人がいないため，打ち合わせがうまく進まない場合である．そのようなときは，主催者（幹部や会場担当者）を集め，実際にコラージュをおこない，体感して

もらうのが理想であるし，かえってそのほうが打ち合わせが早く進む．

　会場もきちんと下見するのが理想である．それができない場合は，その会場の写真を送ってもらうなどして，細かい確認をおこないたい．

　また，コラージュでは，ハサミの切り抜きの紙くずが必ず出る．ゴミ袋をいくつか用意し，ゴミ回収に備えることも大事なポイントである．

4章 コラージュ素材(写真)を準備する

4−1 ボックス法の楽しみ

くり返しになるが，コラージュの作成方法には，①あらかじめ実施者が雑誌から切り抜いた写真などを用意しておく場合（ボックス法）と，②雑誌を用意し，そこから制作者が自分で切り取って使う場合（マガジン法）とがある．どちらでも，そう大きな違いがないので，実施者の素朴な好みで選べばよい．

ただ，どちらでもよいと感じている方には，まずボックス法からはじめることをお勧めしたい．些細なことだが，ボックス法には，あらかじめ切り抜きを用意しておく楽しみがあるし，それを保管するコラージュ箱を眺めるたびに，いつでもコラージュを作れるのだという感覚を味わうことができる．グループであればなおのこと，メンバーで協力したり分担したりしながら切り抜き素材を追加していく楽しみを味わうことができる．

4−2 ボックス法での素材の集め方
4−2−1 一般的なもの

最も一般的なのが，新聞の折り込み広告から切り抜くことである．また日頃愛読している雑誌から切り抜くこともよくおこなわれている．また，旅行代理店にふんだんに用意されている旅行パンフレットも，自然風景，宿泊施設，建造物など，魅力的な素材が集められている．最近，充実しているのは，通販のカタログで，多彩な分野で出ている．

4−2−2　自然体で集める

　コラージュの素材を探そうと思うと，無限に見つけられる．いつもの駅で，商店街で，通路沿いで，「ご自由にお取りください」といって多数の綺麗な印刷物が置かれている．自宅にいても，ダイレクトメールでいろいろなチラシが送られてくる．

　筆者は，東京都内のある心理相談室にかかわっていたが，たとえばコラージュ素材の箱が空っぽであったとしても，出勤時，最寄り下車駅から相談室まで歩くうちに，相当量の印刷物を手にすることができる．たとえば駅改札口付近のパンフレット，道中のコンビニの無料雑誌やカタログなどはどれもボリュームがあり，使いやすい．

　また，コラージュ素材を集めるといっても，毎日のように切り集める必要はない．時折，気が向いたときにおこなえば十分である．ただ，「動物」写真だけは，意外と少ないので，筆者の場合は，「動物」を新聞折り込みやその他で目にしたときにすぐに取り置き，あとで切るようにしている．「動物」写真は人物の代理として使われることが多いので，重要な素材といえ，そこだけは注意している．

4−2−3　特別な集め方

　コラージュ素材は，自然体で十分に集まるが，慣れてくるとより積極的な集め方も思いつくようになる．ここでは幾つかの例を示したい．

　まず知りあいと雑誌を交換することである．自分の読む雑誌は限られているので，たった一冊でも他の人からもらうことで，写真の世界が急に広がる．

　また図書館の廃棄雑誌をもらうこともお勧めしたい．これは意外と知られていないが，図書館は所蔵雑誌をどんどん大量に廃棄していく．その際，館内や入り口に，そうした雑誌を積んで，「廃棄雑誌につき，ご自由にお持ち帰りください」と表示している．豪華な雑誌や専門分野の雑誌もあり，普通手にしないような雑誌を無料でもらえる．

また筆者が注目しているのは，車内雑誌である．とくに飛行機の機内誌は，写真も綺麗で，分野も多彩で圧巻である．そして，すべて無料で持ち帰ることができる．

4-3 コラージュ素材を集める際の注意点

4-3-1 神経質に多数・幅広く集める必要はない．

コラージュ素材を用意する際，すこしでも多くの素材を集めなくてはならないと思い込むことがある．しかし，それほど神経質になる必要はない．量でいえば，会議用折りたたみ式長テーブル（180cm）に，ひととおり素材を並べた状態を想定すると，これで，8名くらいの人が快適に利用できる（図8）．

写真内容の幅広さについても神経質になる必要はない．あまり内容に偏りがあると作成者はおもしろみが低下するが，イメージ表現としては問題ない．あくまでも実施者の自然体の集め方で十分である．

4-3-2 季節感を反映させ

作成者の「おもしろみ」という点では，季節物の素材を少し意識することをお勧めしたい．たとえばクリスマスの季節には，サンタやツリーやケーキなどその関連の写真をすこし入れておくと，使われやすいし，作成者の「おもしろみ」が着実に高まる．しかし，ありがたいことに，カタログも折り込みも，早めに季節感を採り入れて印刷されるので，自然体で素

図8

材を集めていれば，ほどよく季節感を反映させることができる．

4−3−3　イラスト, 文字

　写真ではなくともイラスト，文字はコラージュ素材になる．イラスト
については，まったく写真と同格の扱いでかまわない．イラストならで
はの味わいもあり，一定数イラスト素材が箱に入っているほうが自然で
ある．

　文字については，実施者側の戦略によって扱いが分かれる．文字を素
材として使うと，作品が意図的で知的になる．それを積極的に導入する
のか，控えめにするのかの戦略が問われるのである．筆者の場合は，「単
純な活字」のものは素材にいれず，文字ではあっても，デザイン化され
たり，美術的な工夫がなされているもののみを素材にいれている．

4−4　コラージュ素材の切り抜き方

　最後に，コラージュ素材の切り抜き方について述べておきたい．意外
に思うかもしれないが，コラージュをボックス法で実施している人ごと
に，写真素材の切り抜き方が異なる．

　a）ある人は，切り抜くというより，雑誌から頁全体を手で破りとっ
　　ただけで，マガジン法に限りなく近い．雑誌をばらすような感じで
　　ある．

　b）ある人は，写真の輪郭にそってかなりきちんと切り抜く．極端に
　　言えば，ハサミをいっさい使用しなくてもそのまま素材を貼り付け
　　ることができるようである．

　c）ある人は，写真の輪郭を大きめにおおまかに切り抜く．素材を使
　　うためには，ハサミを使って輪郭を整える必要がある．

　一般的には，c）が多く，b）がそれに次いで多い．c）とb）のミッ
クス型というのが多くの人の実際かもしれない．筆者は，とりわけ入門
的なセッションでは，b）のきっちりスタイルにこだわっている．

コラム　ある女性のコラージュエッセイから

コラージュと素材集めの恵み

　A子さんはキリスト教版の自助グループ「信仰の 12 ステップ」の研修スタッフとして，コラージュの時間を担当することになった．過去に何度か受けたコラージュ講座を思い起こしながら，コラージュ・ボックス式の方法を採用することにした．すでに切り抜き素材は相当あるが，あらためて街角のパンフレットを少し集めることにした．以下そのエッセイ（後半部分）である．

＊

　たりないものは，暗いもの・よくわからないもの・選んでこなかったもの．世の中「きれいで素敵なもの」があふれていて，そうでないものはなかなか無く，見つけたときは嬉しくなります．そしてどれも“無料”なのが気が楽．けれども疲れて持ち帰る荷物が重いときは，あきらめて置いて帰ることも．
　私と素材集めの出合いは，3年半前に父を突然天に送った頃にありました．藤掛先生のコラージュ講座の後，使う予定もないままにたくさんのパンフレットを集め，家族が食後にテレビを観ている横で一人黙々と切り抜きました．ハサミを持つ手が疲れても続けたのは，言葉にならない思いが想像を遥かに超えて取り扱われることとなったからです．切り抜く写真の中に，父との思い出にかかわるものや，それに限らず私の人生に散りばめられていて普段考えもしないものなどがあることに驚きました！　そしてもちろん，今回の集中講座に向けても私の中に

整理されない課題があり，その心の深くに触れてくれる素材がたくさんありました（身近なパンフレットや雑誌を切り抜くだけでも…おススメです＾＾）．

　コラージュを知ってもう一つの密かな楽しみは，他の先生方が切り抜かれテーブルに置かれてあった素材の本体をコンビニやスーパーのチラシなどで発見したとき，なんだか嬉しいのです．

　さて，短期集中研修の当日，例年と同じ『今の私』をテーマに希望者が参加してくださいました．追加した素材も含めて，どのように直感的に心に留まり使われるのか，それぞれの『今』が語られるのか，私自身はどれを使うのか，沈黙して選び，切り貼り，裏にコメントを書くまで30分．仕上げたコラージュを正面のボードに貼り集めて発表しあいました．自分でも上手く説明ができない言葉以上に，素材と世界に一つしかない各自の作品が深く物語ってくれるコラージュを味わい，続く（信仰の12）ステップの分かちあいが豊かになったことと感じて感謝しました．そして，まだまだたりない分野（？）の素材があるのだと，幅の広さ・深さを思いながら，見方を変えればただのゴミとなる宝の素材を持ち帰りました．

第二部　コラージュのアレンジ

5章　はがきコラージュを楽しむ

　コラージュは，工夫により，自由にアレンジ（変法）することが許されている[3]．これは心理療法の技法としてはユニークなことで，いろいろな状況を見ながら，実施者が意図をもって，変化をつけることができる．本章から数項にわたって，コラージュのお勧めのアレンジを紹介したい．なお，アレンジは無限にありえる．ここで紹介するアレンジは，筆者が臨床現場や研修で使ってみて手応えを感じたものである．

(1)はがきコラージュ

　はがきコラージュ．これは使用する台紙を「はがきサイズ」にする方

---

3)　外来語としてのアレンジには，「物事の一部を変化させるなどの手を加え，その物事を構成し直す」という意味があり，本書ではこの言葉を使っている．

法である．通常，コラージュの台紙は，A4判やB4判が使われる．一定の大きさがないと窮屈な感じがしてしまうからである．しかし，台紙を小さくすることで，別の利点が生まれる．

5－1　実施法

① 台紙には，はがきサイズを使用する．大きな紙をはがきサイズに裁断するのもよいし，私製はがきをそのまま使ってもよい．私製はがきは高価なものもあるが，100円ショップであれば，かなり安価で購入できる．

② コラージュ・ボックス法でおこなう場合は，はがきサイズに適合するような小さめの切り抜きを多少用意しておいてもよい．

5－2　特徴

① 窮屈なサイズであえて貼り付け作業をおこなうため，制作者は，全体の画面の構成をより工夫しなくてはならず，大きな台紙サイズに較べると，知的な計算を働かせることになる．そのため，作者の意図が明確化されやすく，作品の「メッセージ性」が高まることが期待できる．

また「はがき」という比喩により，だれかに自分の思いを発信するという思いが引き出されやすく，そういう点からもメッセージ性が高まりやすい．

② 上記の特徴は，同時に，表現行為に作者のコントロールがより及ぶため，不用意に深層の葛藤や問題が出てくることがないという特徴にもつながる．一般にコラージュでは，実施者の力量に関係なく，制作者がどんどん表現を深めていくことが起こる．しかし，継続的・専門的な治療関係でない限り，いたずらに内的な深い問題を引き出してしまうことには慎重になるべきである．そうした観点からも，はがきサイズは利点があると言える．

③ 制作時間が多少，短くなる傾向にある．連作もしやすい．

④ 作品の保管や，後日の作品の眺め直しが容易である．とくに，はがき用に保存ファイルなどの文具が多彩に存在しているので，それをそのまま使うことができる．

⑤ 机などの作業スペースが小さい場合にも，作成が可能である．椅子にサイドテーブルが付いている場合も可能になる．個人で楽しむ場合，喫茶店や新幹線車中でも作ることができる．

6章　分割コラージュを楽しむ

(2)分割コラージュ

　これは，使用する台紙を，一本の線を引いて二分割し，それぞれの区画に異なったテーマを貼り付ける方法である．

6－1　実施法

　① やや大きめの台紙を用意する．B4判くらいが好ましい．A4判でも実施可能である．

　② 対照的な二つのテーマを決める．

　　例：「これまでの私，いまの私」「よかったことと，そうでなかったこと」「理想と現実」「外なる自分と，内なる自分」「怒っているときの私，にこやかな私」など．

　③ 制作者が，ペン（クレヨン）で線を一本ひき，画面を二つに分割する．分割線は，曲線でも直線でもかまわないし，引く場所は台紙の中央でもハジでも自由である．画面をまん中で，縦か横に均等に分割して作るほうがやりやすいという人が多い．その場合，台紙の線を引くことの代わりに，台紙を折って折り線を作る方法もある．

　また，応用編として，あらかじめ線を引かずに，作品を完成させてから線を引いたり，貼り付けた写真自体を境界線に使うようなこともできる．また，分割コラージュを意図しながら，台紙の二箇所に分けて貼ることもできる．図９はその例で，左側に「今の私」（食事を作る）と右側に「これからの私」（天井めざして大勢の人を導く）を分けて貼っている．

　④ 二つの画面に，それぞれのテーマを貼り付け，コラージュ作品を

作る.

6−2 特徴

図9

① コラージュ表現には，対照的なものがよく現れる．それは時間軸（過去，現在，未来）であったり，外なる自分と内なる自分であったり，理想の自分と現実の自分であったりする．こうした二つの世界は，その人の大切な世界に迫るのにかっこうの手がかりとなることが多い．分割コラージュは，こうした対比をあらかじめ引き出すような仕組みになっている．

② コラージュづくりがはじめてという人におこなうのでなく，何度かコラージュを体験し，その経過をみて，ここだというときに実施する．内的なテーマを掘り下げることができる．

③ グループでのコラージュでは，テーマをより具体的なものにすることで，そのセッションの特色化をはかることができる．年頭に「昨年の私，今年の私」．近況交換として「最近あったよいこと，悪いこと」など．

④ 分割したことで，いわば作品を二つ作成することになるので，時間は通常よりも多めに用意する必要がある．作業する机も小さいと使いにくい．分割コラージュは，台紙が大きめなので，机のスペースに余裕が欲しいところである．

6−3 分割コラージュの応用

① 二分割でなく，三分割にすることもできる．

図
10

例：「夫としての私，親としての私，職場での私」

②「マスク・コラージュ」とよぶもので，紙皿を台紙として使い，両面に貼り付ける方法がある．紙皿をマスク（顔）になぞらえ，凸の面を，外に見せている自分，凹の面を，内に秘めている自分というテーマにする．紙皿を用意するにあたっては，のりをはじかない安価なものが適している（図10）.

③「ボックス・コラージュ」とよぶもので，空き箱（ボックス・ティッシュなど）などの立体を台紙にしてコラージュをおこなう方法がある．空き箱の場合，六面にそれぞれ貼ることになる.

例：「いろいろな私」（結果的に，六つの自分の世界を表現することになる）

7章　アンサー・コラージュを楽しむ

(3)アンサー・コラージュ

これは二人の間でおこなわれるコラージュの方法である．一般に，一人の人がコラージュ作品を作成した際，その作品に対して，もう一人の人が感想なり，コメントなりを言葉でフィードバックすることが多い．そのフィードバックを言葉でなく，コラージュでおこなうのが，アンサー・コラージュである．言葉でなく，イメージでフィードバックすることで，心の深い部分を積極的に取り扱える．

なお，実施する方法により二つに分けることができる．

A. 包囲型(ぐるり型)アンサー・コラージュ

A－1　実施法
▶ A氏からB氏に対して

① A氏が，小さめの台紙でコラージュ作品（スタート作品）を作る（図11）.

② A氏は，もう一人のパートナーのB氏に作品を渡し，自分の作品について簡単に説明する．図11の作品を例とするなら，A氏は，おいしいものを食べたいし（サンドイッチ），何か楽しいイ

図11

図
12

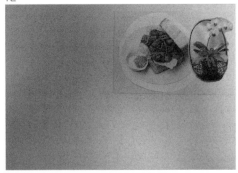

図
13

図
14

子と飲み物もね.

ベント（花）が欲しい，と説明.

▶ B氏からA氏に対して

③ 今度は，パートナーB氏が大きめの台紙に，預かったスタート作品を貼る（図12）.

必ずしも中央に貼る必要はない. 貼る場所により，余白のバランスが変わる（図13）.

アンサーしたい写真素材の側を大きく余白をとることができる.

④ B氏は，余白部分に，アンサーの思いを込めて，素材を貼る（図14）.

⑤ B氏は，貼り終えたアンサー部分について，A氏に説明する.

図14の作品では，B氏は「サンドイッチ」に対して多くのアンサーを貼った.

〈サンドイッチへのアンサー〉

森の中のテーブル（左上）⇨よい環境で食べよう.

パン用の3本のナイフ（左下）⇨自分でどんどん作っちゃおう.

椅子に座る青年（下やや右）⇨椅

〈花へのアンサー〉

　スプーンに，一口のアイス（下右）⇨イベントも受け止め方次第．さじ加減．

　⑥ 実際には，A 氏も B 氏も同時にスタート作品を作り，次いで互いのアンサーコラージュを作ることになる．

A－2　特徴

　① 通常のコラージュより，アンサーの部分を作るのは，はじめは時間がかかる傾向にある．

　② 指導者にコメントをもらうより，参加者の満足感が確実に得られる．

　③ さらなる工夫として，さらにアンサーのアンサーを作ることもできる（さらに大きな台紙を用意する）．

　④ 台紙に決まりはないが，最小サイズの組み合わせとしては，スタート作品がはがきサイズ，アンサーを貼る台紙が A4 判が一般的である．

　⑤ アンサー・コラージュでは，自分の作ったスタート作品が，パートナーの手に渡って，のり付けされるのであるが，そのことに抵抗を覚える人もいる．そのため，教示にあたっては，そのことへの配慮として，たとえば「安心してください．固形スティックのりで貼られても，数日たつと，手ですんなりと綺麗にはがせますので……」などの言葉を添えることができる．

　同じような意味で，パートナーの立場から，スタート作品の上に，アンサーの素材を，覆ってよいか，重ねてよいか，という質問が出ることがある．この場合も，自分の作品に勝手に貼られてしまうスタート作品作者に配慮すべきである．回答の際，たとえば「今回は禁止にします」であったり，「それは作者にお伺いを立ててください」などと言うことができる．

　⑥ 作品を誰のものとするのかも，あらかじめ決めておくほうがよい．

教示の際，たとえば「今日の作品の著作権は，スタート作品の作者にあります．アンサー部分は，プレゼントしてください．お互いにプレゼントしあうわけです」などの説明をしておく．

⑦ グループで実施することに向いているが，グループに対する参加者の素朴な信頼感があることが望まれる．

⑧ アンサー・コラージュの作り方として，アドバイスや励ましを与えようとしすぎると，イメージがあまり広がらない．アンサー・コラージュを継続していくと，いつも似たようなアドバイスのテーマが続いてしまい，マンネリになることもある．大事なのは，アドバイスだけでなく，スタート作品の写真のイメージを広げるつもりで，アンサーを作ることである．そうすると，イメージならではの予期せぬ展開が期待できる．

たとえば「急勾配を登る SL 機関車」が貼られているのをみて，頑張りすぎないでリラックスしてくださいという気持ちから「マッサージ」や「温泉」の写真を貼る．継続して実施していく場合，いつも同じような写真とメッセージが登場してしまうことがある．そのようなとき，SL 機関車つながりの写真を無心に探してみるとよい．急勾配に関連した写真，煙を吐き出すことに関連した写真，汽車や SL に関連した写真などさまざまなものが見つけられる．そこで「大草原を走る汽車（大自然をバックに汽車は小さく見える）」を選んだとして，そこからの教訓を連想してみるのである．ここでなら，「自分を取り巻く大きな状況を眺めてみましょう」というアンサーになるかもしれない．

B. 往復型(キャッチボール型)のアンサー・コラージュ

B-1 実施法
① 最初に作った人がパートナーに作品を渡す（見せる）．説明する．
② 今度はパートナーが別にアンサー作品を作り，渡す（見せる）．説

明する.

　③ 上記の往復をくり返す. 作品はそのつど, 新たな台紙で作ること
になる.

B－2　特徴

　① あらかじめ往復回数を決めておく. 最小3往復. 10往復くらいで
ひととおりのことが体験できる.

　② 実際に二人が会わなくても, 郵送やメールでおこなうことができ
る.

　③ 1対集団という組み合わせも可能である. 指導者が1枚, 集団に向
けてコラージュを作り, 見せる. それを集団各自が個々に, アンサー作
品を作り, 指導者に見せる. この方法は, 1回限りの往復で, 学習者の
訓練用として使われる.

8章　DOコラージュを楽しむ

　本来，コラージュはイメージを大切にする．いかにイメージを広げていけるかが命である．

　そのため，普通のコラージュのやり方では，理屈を考えることなくまず自由にイメージから入る．しかし，特別な工夫として，言葉から入る方法がある．8章，9章では，そうした方法を紹介したい．

　あえて言葉から入る方法にはどのような利点があるのだろうか．次のようなものがあると考えられる．

　①イメージ表現に不慣れな人，抵抗感のある人も参加しやすい．

　②既存のプログラム（たとえば言葉による近況交換）のあとに自然につなげる（それをコラージュする）ことが可能である．

　③言葉のプログラムだけでも一定の満足感や効果が得られる．あとにつなげるコラージュを短縮，簡易におこなうことも可能になる．

　④イメージ中心のコラージュに比べ，言葉の関与が増え，表現に一定のコントロールが及びやすくなる．これは自由な表現には多少マイナスに働くが，メッセージ性，意図性が非常に高まる．

　さて，言葉から入るコラージュの方法は無限にありえるが，まずは「DOコラージュ」をとりあげて解説したい．

(4) DOコラージュ

8－1　実施法
①設定したテーマに応じて，まず言葉（動詞一語）を考える．

　たとえば「今年一年の抱負」というテーマなら，自分の抱負を表現するのにふさわしい動詞をひとつあげる．「遊ぶ」「輝く」「休む」「乗り越える」「整理する」「挑戦する」「深める」など，ひとつの単語であらわす．

　テーマは，「今年を振り返って」「私の好きな言葉」「これからの教会」「今の私の課題」など自由である．動詞一単語で，というのは，抽象度を高めることで，その後のイメージを広がりやすくするためである．「清く正しく凜として歩く」という言葉が動詞として選ばれた場合，「歩く」，あるいは「凜とする」などというように短くしてもらうほうがよい．

　② 自分の動詞を述べ，あわせてその動詞を選んだ思いを解説してもらう

　DO コラージュではグループでおこなうことがよくあるが，この「動詞を述べ，その思いを解説しあう」だけでも十分に盛り上がり，楽しい体験となる．筆者の経験では，この動詞の分かちあいだけで，持ち時間をすべて使ってしまったこともある．そのため，コラージュまで続けておこなう場合は，この言葉による分かちあいを比較的短時間で終えることがコツである．

　③ その動詞のイメージで，コラージュ作品を作る

　作るときに留意する点は，「動詞に集中する」ことである．

　いったん動詞を決めたら，自分の思い入れから離れ，動詞のイメージを広げる．たとえば「休む」という動詞を選んだ場合，ベッドで寝ることを念頭に置いたとしても，作品を作るときはいったん白紙に戻し，「休む」という言葉から自由に多方向にイメージを広げることが肝心である．

　このように多くの場合，言葉（動詞）のイメージを広げることになるが，人によっては逆に拡散しているイメージをひとつの方向にまとめることもある．いずれにしろ，コラージュを作ることで，作者のイメージが変化し，新しい発見につながる．

　④ 作品の分かちあいをする

　通常のコラージュと同じように，作品の意図や，作ってみて発見した

ことなどを話してもらう．DO コラージュの場合，作成意図がわかりやすいので，比較的短時間でおこなうことが可能である．グループでおこなう場合も，全体で分かちあうことがしやすい．

図
15

8-2　作例

　ある年の初めに作成した，筆者の抱負をテーマにした DO コラージュ作品である（図 15）．

　動詞は「区切る」とした．台紙のサイズは A4 判．

　① 台紙の左の端には「正月の松飾りを現代的なオブジェにした写真」を，さらに縦に切り分けをそれを上下につなげて貼った．

　正月・松飾りに代表されるような節目や儀式を大切にしたいという思いを込めた．

　② 中の下の部分には「本棚」，そして中の上の部分には「高層ビルからの夜景」を貼った．

　本棚の写真を，仕事を表すものとして使い，「仕事」を「区切る」思いを，また，夜景の写真が，アルバム写真のようにも見えたことから，「過去の思い出」も「区切る」思いを込めた．

　③右の上の部分には「お遍路」を貼った．

　日々，大切な節目を「お遍路のように」通過中であるという思いを込めた．

④右の中の部分には「山に建てられた建造物」, 右の下の部分には「ブルドーザー」を貼った．その意図としては，区切るためには，孤高を保つことと力業が必要となるのだ，という思いを込めた．

8−3　筆者の体験

この項の最後に，DO コラージュにまつわる筆者の体験を述べておきたい．

2009 年 1 月に，その年の抱負を DO コラージュにした．抱負を表す動詞は「かわす」であった．当初念頭にあったのは，ボクサーが相手のパンチを，体や顔をすこし動かしてかわすイメージであった．障害をたくみにかわしながら前進したいという思いであったと思う．作品には「かわす」イメージをいろいろと貼り付け，最後は余白を埋めるために，「スミを出して逃げるイカ」の写真を貼った．スミを出すのも「かわす」ひとつの方法であるとこじつけた．

予期せぬことであったが，その年の春に闘病が始まった．入退院をくり返し，予定の多くをキャンセルした．そのとき，DO コラージュのイカスミの写真が浮かんできて，スミを出しながらひたすら逃げ出すことも時には必要だなと思うことができた．その年の後半はそのイメージに支えられていたと思う．「かわす」イメージの端っこの意味が，大きな役割を果たしてくれたのであった．

9章　パートナー・コラージュを楽しむ

　前の章では,「DO コラージュ」という方法を紹介した. テーマをまず言葉（動詞一語）で考え, あとからイメージをひろげていくものであった. まず言葉から入っていくという特徴があった. 本章では, この言葉から入っていく作業を, もう一段進めた方法を紹介したい.

(5) パートナー・コラージュ

9-1　実施方法
① 最初に, 二人一組になる.

② 語りあうテーマをあらかじめ決めておく.

　たとえば,「最近 1 か月から 2 か月くらいの自分の出来事について」などのようなテーマである. 出来事中心に話して終わるのではなく, なるべくそのときに抱いた, あるいは今も抱いている感情について, 積極的に語るようにしてもらう.

③ 二人が互いに語りあう.

　一人の人が話したものを, もう一人の人が聴き, 用紙にメモする.

　一人 15 分の時間設定とする. 聞く人は, 簡単な質問をしたりしてもかまわない. その後, 役割を変えてまた 15 分とする. 二人あわせて, 30 分で終了となる.

④ パートナーの話を聞いたことをもとに,「相手の世界」をコラージュで作る. さきほど聞いた「相手の心の世界」を想像して作る.

　（この相手の世界を作るコラージュを, 筆者は「パートナー・コラージュ」とよんでいる）.

⑤ パートナー・コラージュを完成させたら，お互いにその作品を分かちあう．自分が相手のために作った作品が，当の相手から見るとどのように納得でき，どのように異なるのか，それらを味わう．また同様に，自分のために作ってくれた作品を見て，どのように納得し，どのように異なり，どのような発見があるのか，それらを味わう．インタビュー形式にし，メモをとることも役立つ．

⑥ 作り終えた作品は，その相手に贈る．

9－2　留意点

① 今回の方法は，導入の語りあいから始まる．この語りあいが防衛的になったり，表面的になりすぎたりすると，その後のワークが深まらない．会場全体の雰囲気を和ませるため，自己紹介やウォーミングアップとなるような他のプログラムを実施することは大切なことである．

② 導入の語りあいでは，聞き手がメモをとることは助けになるが，必須ではない．小規模で，お茶を飲みながらリラックスしておこなう場合などむしろメモをとらないことで，自然な流れができることが多い．時間も 15 分と提示したが，それより長くなってもかまわない．

③ 感情を含めた語りあいができるよう，テーマを「最近 1 か月から 2 か月くらいの自分の出来事と感情の世界について」と念押ししてもよい．

④ もちろんその会場で人に話せる内容であるものであること．

9－3　メモ記入用紙

分かちあいのために，記入用紙を使う場合，次のようなものを用意する．

① 導入の分かちあい

「最近 1 か月から 2 か月くらいの自分の出来事」をお話しください．

② パートナー・コラージュの分かちあい

(1) 作っていただいた作品は，どのような思い，意図で作られたの

ですか.

(作りやすかったところや作りにくかったところはありませんでしたか).

(作った作品で自分で気に入っているところはありますか).

(2) 私が作品をみて感じることを話します.

(自分のイメージに近いものや,予想外のイメージについて話します).

(どのような発見があったかについて話します).

(6) その他の方法

その他の言葉から入るコラージュの方法を列記したい.もっとも,すでに言葉によるプログラムがあるならば,それを新たにコラージュで表現してもらうことなので,無限に方法は存在することになる.

① 講演やメッセージを聞いた後,それをコラージュにする.

② グループでの分かちあい,意見発表をコラージュにする.

③ 上記①のスピーカーが,それをコラージュにする.

筆者の③にまつわる体験であるが,講演の内容をはがきサイズのコラージュにし,それを主催者に写真にし,会場で配布してもらったことがある.PBA(太平洋放送協会)の筆者の講演 DVD「宣教における女性の働き」がまさにそれで,講演最終部分で筆者のコラージュ作品をお見せし,講演のまとめに使っている.

DVD でも,作品を含め,その部分も収録している.理屈だけでなく,講演者のイメージやニュアンスを味わうことができるし,言葉とはまた違った,講演全体のふりかえりができる

10章　カラー・コラージュを楽しむ

　コラージュでは，作り手が言葉でいろいろと濃い意味づけをする場合と，あまり意味づけをしない場合とがある．前者は，意識的要素が強く，メッセージ性が高い．後者は無意識的要素が強く，メッセージ性が低い．どちらがよいというわけではないが，セラピストごとに，想定し，導いていくさじ加減が決まっているように思う．

　コラージュの作り方の工夫（アレンジ）によっても，意味づけの濃さ・薄さを，多少であるが方向付けることができる．

　先に紹介したDOコラージュは，最初から意味づけをすることを前提に入るので，意味づけは濃くなり，メッセージ性は高くなる．

　逆に，本章で取り上げるカラー・コラージュは，まず色彩優先で作品を作ろうとするために，意味づけ作業が後手に回りやすく，メッセージ性は低くなる．しかし，同時に感性を発揮する開放感が高まる．

(7) カラー・コラージュ

10－1　実施法
① 通常のコラージュと同じ準備でかまわない．

② 設定したテーマに応じて，自分の色彩を決める．

　テーマは，「今年の抱負を色で表したら」「自分を色で表したら」「これまで楽しかったときを思い出し，それを色で表してみると」「今の気分を色で表すなら」など，色に表現できそうなものであれば自由である．

③ 自分の色彩を述べ，あわせてその色彩を選んだ思いを解説してもらう．

　カラー・コラージュはグループでおこなうことがよくあるが，この「色彩を述べ，その思いを解説しあう」だけでも十分に盛り上がる．このあたりの進め方はDOコラージュと同じで，この言葉による分かちあいを比較的短時間で終えるよう心がけ，その後のコラージュ作りの時間につなげるようにしたい．

　④ コラージュ作品を作る

　自分の決めた色彩が使われている写真やイラストに限って使うことにする．たとえば青であれば，写真やイラストに青が使われているものを使って作るのである．このとき，青色がほんの少しだけ使われているものでもいいし，素材一面が青で覆われているものでもかまわない．

　⑤ 作品の分かちあいをする

　通常のコラージュと同じように，作品の意図や，作ってみての感想などを話してもらう．また，今回選んだ色は今の自分にどういう意味があったのかを話してもらう．色彩は非常に多義的である．同じ青でも「快晴の空のように晴れ晴れとした思い」を表すことも「クールダウンして冷静な思い」を表すこともある．

図16

10-2　留意点

　① いったん決めた色彩を作業途中で変えてかまわない．

　② コラージュ作成時に手近にあるもの，身に付けているものなどから，色彩を見つけて決めるという方法もある．個人，あるいは少人数に向いている．

10 − 3　筆者の作例

　図 16 は，チョコレート色の作品をチョコレートを食べながら作った
ものである．

　図 17 は，ある研修講師をした際，ワークの時間に自分でも作ったも
のである[4]．

　選んだ色彩は「青」．台紙ははがきサイズ．

　タイトルは「冷静に，冷静に」

　左⇨プール．真上から見下ろしいる視点がいい．視点を変える．

　右下⇨コンピューター．分析する．

　右上⇨引き出し．整理する．

　当時の筆者はいらいらすることが多く，このカラー・コラージュを作っ
たときは，少し立ち止ま
れたような気がした．こ
のときの「青」の私に
とっての意味は，タイト
ルどおり「冷静になれ」
ということ．筆者はしば
らくの間，胸ポケットに
青のボールペンをさし
て，この青のメッセージ
を大切にした．

図
17

---

　4)　本書では筆者のコラージュ作品をそのまま掲載しているが，図 15，17
　　の 2 作品については，原画を保管しておらず，記録用に撮影してある画
　　像のサイズは小さく，鮮明さにあまりにかけているため，同じような構
　　成で模擬作品を作成した．

11章　日めくりコラージュを楽しむ

　筆者はメンタルヘルスの研修会において，日めくりカレンダー（31日方式）を自作するワークショップをおこなうことがある．それは，日めくりの一日分のカードに挿絵としてコラージュを作るものである．言葉から入るコラージュであり，メッセージ性が非常に高い．

11－1　日めくりの寸言の準備

　日めくりコラージュにおいては,あらかじめ用意された寸言を味わい,その感想を挿絵のようにコラージュで表現する．最終的にはカード立てなどに飾るために，台紙は情報カード（3×5カード）などの小さいサイズにする．

　寸言は，ある程度含蓄があり，短い文章が望ましい．既存の日めくりカレンダーに限る必要はなく，短いエッセイ集や寸言集なども活用できる．

　筆者が多く実施したのは牧師向けのメンタルヘルス研修だったので，用意した寸言は，牧師向けに特化した寸言で，筆者自身が研修会や面接室で，牧師をサポートするのに実際に有益であった考え方やキーワードを基に自作したものである（「日めくりカレンダー・ながもち牧師編」）．

　以下の実施法などの解説は，この筆者の寸言集を例に解説する．

11－2　実施法

　① まずメンタルヘルスにまつわる寸言と挿絵を印刷したカードを用意する．これだけで，独立して飾れる日めくりカレンダーである．

　② それとは別の，同じ寸言だけを印刷した（挿絵なしの）カードを用

意する.

③ この②のカードの余白に，その日の寸言の感想をコラージュ作品にして作成する.

たとえば 24 日の寸言は，「ささいなことを理由にしてお祝い（会）をする」である. これの応答として，自分のお祝い会をする理由であったり，そのお祝い会

図
18

の中身であったりの写真を貼り込み，コラージュにするのである.

図 18 は，「いま読んでいる本を読みきったら，お祝いにコーヒーショップに行くことを決めた」という広告をコラージュにしたものである.

11－2－1　制作時間のめやす

一枚め，10 〜 30 分. 連作する場合は二枚めからはいくぶん早くなり，5 〜 15 分.

11－2－2　教示

「まず 2 セットのカードを配ります. 31 日方式のカードになっています.

カードの左上の数字が「日付」です. 左やや下に，メンタルヘルスを考えるための「寸言」が，右側は，絵を印刷してあります（寸言提示用）. また，自分で切り抜いた絵を貼るために余白のままのものがあります（応答用，余白）」（図 19）.

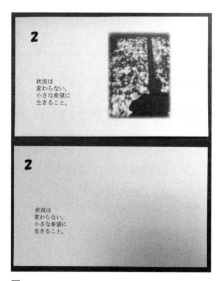

図
19

「(セット全部を参加者に提供した場合は,) 31 枚のカードから「気に入った・あるいは印象に残った寸言を一つ選びます. そして,日めくりカード(余白版)の余白部分に,自分で写真素材を選び,自由に貼り付けます」.

「コラージュとは,不要な写真やイラストを自由に貼り付けるイメージ遊びです. くれぐれも上手い下手ではありませんので,自分の思いをストレートに思うがままに表現してみてください. 余白部分は狭いですが,何枚貼っても,どんな形に切っても,自由です.

また,何枚も貼らねばならないわけではありません. 寸言の挿絵を作るつもりで,イメージにあう写真やイラストを1枚貼るだけでも楽しい体験です.

いずれにしろ,寸言だけを頭で読むだけでなく,自分で写真やイラストを切り貼りすることで,新たに感じることがあれば,それは素晴らしい体験です」.

〈またワークショップ以降も制作を動機づける場合〉

「このようにご自身で絵を貼り付けた日めくりカードは,同じ日の印刷済みカードと差し替えます. 今回のセッションを終えても,自分で時間を作れる人は自分のペースですこしずつさらに自作し,もう数枚挑戦してみてください.

自作のカードを少しずつ増やしていくと,31 枚全部がオリジナル作品になります」.

11−2−3　分かちあい

普通のグループ・コラージュの場合と同じである．

なお，机やテーブルの上に，完成した日めくりをカード立てなどにさし，飾った状態で展示し，「見学タイム」として参加者が自由に見ることができるようにすることもお勧めである．

11−3　日めくりコラージュの比喩

日めくりコラージュは，作った作品を後々眺め直すことのしやすいコラージュである．というのは日めくりカレンダーは毎日見るもので，31日方式なら月に一度はまったく同じ頁を見るという比喩が伴う．実際に日めくりカレンダーとして飾れば比喩でなく，現実に後々も眺め直す仕組みを体験する．また自作品を作った際には，それを日めくりカレンダーの一部として組み入れることができる．

また，いろいろな異なった制作方法や道具，素材を使うことは，それ自体，描き手にとっての新しい体験となり，その世界観や準拠枠組みを変えることにつながっていく．日めくりコラージュは，日々新しい世界が始まり，新しい自分を展開できるという，コラージュならではの体験を提供することができるのである．

なお，実施例として「牧師のメンタルヘルス」をテーマに，それにまつわる寸言を用意した．実施者の裁量で，寸言さえ用意すれば，同じような手順で，他のテーマでもできる．

第三部　コラージュを指導する

12章　研修参加者の期待

　コラージュの研修に参加する人は，どのような思いをもって参加するのか．多くの研究は，対象がカウンセリングや医療を受ける人であり，一般の健康群を扱ったものではない．一般群と思われる調査も，企業の社員研修であり，参加が強制されたものであるなど，一様ではない．

　一方，筆者は自主的に参加する人たちの入門的な研修会を担当することが多いので，そうした人たちの研修会への参加動機を考えてみた．

　（けっして厳密な調査分析ではなく，大雑把なヒントを得るために，筆者が担当した大小さまざまなコラージュ・ワークショップで，研修に期待することをたずねたものを用紙に書いてもらい，それを回収しカードに書き写し，意味内容に応じてグループを作ってみた．カード数は43枚であり，回収率は3割くらいである）．

12－1　個人としての体験

（1）自分を発見する（17件）

　　＊自分の心の状態を知りたい．

＊自分の内的世界を知りたい.

＊自分の深層心理をみたい.

＊自分の思うのと違う何かを発見したい.

＊自分の言葉になっていない思いがわかること.

＊自分を内省するきっかけとしたい.

＊自分を見つけなおしたい.

　……など.

(2) 自分を成長させる (9件)

＊継続的にやり, 変化を体験するのが楽しみ.

＊視野を拡大できそう.

＊今日, あたらしい自分と出会う楽しみ.

＊自分自身を肯定できるようになりたい.

　……など.

アンケートの結果をみると, まず個人としての体験を求める思いが目立つ. ひとつは自分を発見することに対する期待である. 心理テストのイメージに近いもので, 明確に自覚していない自分を知りたいのだという.

ふたつめは, 自己成長への期待である. 心理療法に近いイメージで, コラージュをおこなうことで, 治療的・教育的な効果を期待するものである. 視野が拡大したり, 新しい自分の生き方が見えてきたり, 自分を肯定的に受け止められるようになったりする予感を抱くのである.

もっとも, 自己発見するからこそ自己成長するのであり, 両者は相互に重なりあい, 絡み合っている.

12−2 指導などへの視点

(3) コラージュの基本的な学び (5件)

＊コラージュとは何かを学びたい.

＊心理学から見たコラージュについて学びたい.

＊どんな効果がコラージュにあるか知りたい.

　……など.

(4)　コラージュの指導者として (8 件)

＊職場のイベントに取り入れられるように.

＊職場でどのような活用をするのか.

＊四人規模のグループで分かちあいをしている. そこでできないか.

＊コラージュの会を自分たちでできるようになりたい.

＊○○活動でコラージュが果たせる役割があるのかどうか.

　……など.

　次いで, 出てくるのが, 自分が指導者, 担当者になって, 関係する組織やプログラムで, コラージュを活用したいという思いである. その場合, ワークショップに参加して個人として恩恵に預かれればよいというわけではない. だからコラージュの基本を学びたいと願う. そして, あれこれ具体的に活用方法を見いだそうと目を光らせる.

　筆者は当初, こうしたコラージュ指導者を目的とする人はごくごく少数であると思っていたが, 調査などをすると思いのほか多い.

　研修においては参加者の参加動機を把握することが重要となる. 外部からの講師依頼の場合は研修主催者が研修意図を教えてくれる. 自分自身が研修企画者の場合は参加者の参加動機を想定する. しかし, そうした情報とともに, 指導者自身も参加者が個人としての「自己発見」や「自己成長」を求めているのか. 「基本的な学び」や「指導者としての力」を求めているのか, これら四つの要素がどう絡みあっているのかを考えるだけでも説明のしかたや質問への応答のしかたなどが違ってくるよう

に思う．筆者は，次項でも述べるが，参加者の自己紹介の際に，この「研修への期待」をひと言話してもらうようにしている．

13章　研修会の準備をする

　コラージュは一人で作って完結するのではなく，他の人に感想をもらうなど相互作用の中でおこなうことが肝心である．身近にコラージュを作る学習グループがあればぜひ参加していただきたいし，なければ二，三人に声をかけ，自分ではじめてしまう方法もある．どうせはじめるなら，さらに大きな規模で計画することも可能である．

　一方で，すでにかかわっているプログラム（仕事であったり、ボランティアであったり）があってそこにコラージュを取り入れようと考え，その推進役としてコラージュを指導する実力をつけたいと思っている人も案外多い．

　そこで本章では，コラージュの作成を中心とした研修会を一定の規模で準備・運営することを想定し，コラージュの主催者，指導者として注意することを挙げたい．3章でもふれているが，ここではもう少し幅広く扱う．

13－1　準備段階で留意すること
13－1－1　会場のスペースと参加人数
　① 会場を決め，参加者数を決められれば，研修会の半分が終わったも同然である．会場が椅子のみで100名定員でも，椅子と机を用意し，（ボックス法なら）写真を並べるための机も用意する必要があるから、最終的には50名以下になる．実質的な定員を意識することが大事である．

　② 下見が必要だが，外部施設を借りる場合，その施設のホームページをみると，写真付きで詳しい会場の様子を知ることができることがある．

③ レイアウトを決める

〈スクール型〉　講義型授業の方式．一番人が入る．ワークには向いていないと言われるが，実際には一番多く使うレイアウト．隣席同士で話しあう．奇数列が後ろを向いて話しあう，など工夫をすることができる．

〈ロの字型・コの字型〉　机をロの字，コの字に並べる．小規模の場合，親しい距離感で研修を進めることができる．

〈アイランド型〉　机を複数つなげて島を作る．ひとつの島に，4〜6名くらいが理想である．ワークや話しあいに非常に向いているが，会場自体のスペースが必要である．

13-1-2 使用できる時間

使用できる時間は念のため確認する．使用できると思った時間と実際に使用できる時間が違うことがあるからである．これは代表者の冒頭の挨拶がひと言だと思っていたのに，30分話されてしまったというようなことである．セレモニーと抱き合わせでおこなわれる研修会の場合，セレモニーに驚くほど時間がかかることもある．

13-1-3 方法の選択, 台紙サイズの選択

ボックス法でおこなうのか，マガジン法でおこなうのかを決める．台紙サイズを決める．

13-2　プログラムを考える.

13-2-1 「はじめ」「本体」「おわり」という構成

あまり理屈と入念なプログラムを練りすぎると，本番で参加者の反応を受け止めながら臨機応変にすすめられなくなる．以下の解説はひとつのやり方にすぎず，参照程度に思ってもらってよい．

①「はじめ」では，研修会全体の進め方やねらいを説明し，できれば参加者に自己紹介をしてもらい参加者同士の関係も良好なものにしてい

く．自己紹介では，次の三項目を話してもらう．

　ａ）名前（あるいは呼び名）

　ｂ）場を温めるような，個性がよくあらわれるような設問

　ｃ）この研修会に期待すること

　とくにｂ）の設問は，考えどころである．「道に迷った思い出」「最近はまっていること」などがその例であるが，複雑すぎず，かつ程よいひねりがあることが望ましい．

　拙著『真実の自分と向き合う』（いのちのことば社）の中で扱った「50のおしゃべりレシピ」はまさに研修会の中で，ウォーミングアップとして使えるものである．

　ただし，ここで盛り上げて時間を使いすぎると研修本体の時間を圧迫してしまう．

　筆者は，30名の参加者，一日研修の場合で，「はじめ」を30〜40分あてている．自己紹介については一人1分スピーチでしてもらうようお願いする．

　②「おわり」では，今回の研修でどのようなワークをし，どのようなことを学んだのかをふりかえり，研修会の終了を宣言する．滅多にないが時間が余ったときは，質疑応答の時間にすることもできる．筆者は5分程度をあてている．

13－2－2 「本体」は「教示」「コラージュ制作」「分かちあい」という構成

　①「教示」ではコラージュの作り方を説明する．テーマがあれば伝える．制作時間を伝える．

　②「コラージュ制作」は参加者が実際に作る時間である．「あと15分あります」「そろそろ30分がたちますが，安心してください．まだ皆さん，完成していない人がけっこういますので，もうしばらく制作時間を延ばします．10分くらいかな」などと声を掛けてもよい．また，本来コラージュ作りで時間制限を強調するのはおかしなことであるが，研修会の場

合，他の参加者もいることから，著しく遅いペースで作っている人や手を止めて途方にくれている人がいたら個人的に話しかけて励ますことも必要になる．

　③「分かちあい」では，自分の作品を他の人に見せ，説明することと，他の人の作品を見て感想を伝えることの両方をさす．研修会のプログラムを組む上で最大の工夫のしどころである．できれば「分かちあい」は二段構え（13－2－3⑦）にするとよい．参加者の満足度もこの「分かちあい」によることが多い．

13－2－3　分かちあいの工夫

　① 時間の制約がなければ，一人ずつ，自分の作品をグループメンバーに見せ，説明し，質問を受けたり，自由に感想を交換するなどしていけばよい．ただ，この方法は時間がかかる．10名のグループで，一人が10分使うと，全員が終わるのに100分かかることになる．

　② 代表として数名の作品だけをとりあげ，その作品だけをグループ全体で分かちあう．多くの研修会や講義などで採用する方法．30名のクラスで，二，三人の作品を取り上げる，といった具合である．この方法では，自分の作品をいっさい他に見せられない人たちが多数生じ，大きな欠点となる．

　③ 小グループに分け，そのグループごとに分かちあいをおこなう．
　大規模グループ・コラージュの際に使える．

　④ 二人一組に分かれて分かちあいをおこなう．
　この場合，分かちあいの手順をあらかじめ決めておき，それに従って進められるようにしておく．二人が互いに相手の作品について鑑賞しあうようにする．二人で15～20分でおこなえる．時間が十分になくても一定の満足感をもたらしてくれる手堅い方法である．

　⑤ 見学会をおこなう．
　特に大規模コラージュの際に使える．

　あらかじめ自分の作品の「タイトル」や「解説」を短く，大きめの字で紙にかいてもらう．その紙と作品を机に並べてもらう．その作業の後，会場全体で「見学会」をおこなう．すなわち，自分の席を離れ，ぞろぞろと他の人の作品と解説文を眺めて回る趣向．100人を越える参加者であっても，15 〜 20分もあれば，かなりいろいろな作品を鑑賞することができる．ただし，会場が窮屈だと厳しい．

　⑥ 壁や黒板に貼り付けていく．

　会場の連帯感や達成感を味わう方法．作品を参加者が次々に壁や黒板の指定区画の中の，好きな場所に貼り付けていく．最終的には，壁や黒板一面にコラージュのコラージュができあがる趣向．個々の作品の鑑賞は二の次となり，一緒に協力して作り上げていく感動を味わうことが主眼．

　⑦ 組み合わせ

　たとえば，④をスタートに，④ → ②とか．④ → ①とか．④ → ⑤とか．筆者がよく使う手順である．

14章　研修会の講師・進行役を務める

14−1　臨機応変がいのち

コラージュの学びは楽しい．自己洞察も自己表現も楽しいが，一番楽しくわくわくするのは，会場で起きる相互作用性のドラマである．時間進行でも，参加者から発せられる質問でもその会場で起きている相互作用性の一端である．それも言葉のやり取り以上に，言葉によらない相互作用が効いている．

14−2　会場の雰囲気を受け止める

作業やテンポが遅い会場．途中から早くなる会場．コラージュ作品が全体にエネルギッシュな会場．その会場には独自の雰囲気があり，短い時間ではあっても変化することがある．そうしたものを受け止めたい．

14−3　フィードバック

会場の様子を観察して，会場参加者全体に向かって肯定的なコメントをフィードバックすると，グループの動きが活性化される．「今日のクラスはエネルギーの大きさを感じますね」．「ここまでの分かちあいでは，何人もの人がご馳走をたくさん貼っていました．きっと大勢で集まるのでしょう」などと発言することがある．

14−4　暴くのではない

作品の分析・解釈にこだわる人がいる．講師がその考え方をしていると，参加者はなにか暴かれる不安をもってしまい，警戒的な雰囲気がうまれやすい．安全で保護された環境を用意し，開放的な雰囲気の中

で，意味ある発見がもたらされることを覚え
たい．講師がコラージュなどの作品を解釈す
れば，レントゲン写真のように人の心が見え
ると思っていると，暴かれる不安を生み出し
てしまう．「○○さん（作者）は気づいていな
いかもしれませんが，私にはよくわかりまし
た」などというのはレントゲン型であり，注
意したい．

図
20

14－5　予定時間

　目の前の話題に没頭して話すことと，その
日の研修会の全体の時間進行に気を遣うこと
の二つは，なかなか両立しない．筆者の場合，その日の研修会のスケ
ジュールを細かく書きだし，研修会が始まると，予定の時間の左側に実
際の時間を書き付けていく．予定に比べ進行が遅れていれば，予定の課
題を調整・変更したりできる．また，あらかじめ小休憩をこまめに予定し，
その時間を変更したり取り止めたりして全体の時間進行をコントロール
するとうまくできる（図20）．

14－6　課題を変える

　応用業になるが，グループの様子を見て，研修後半の課題を変えるこ
ともある．そのために予定ない台紙もあらかじめ持ち込んだりする．
筆者は，二枚めの課題を，DO コラージュかカラーコラージュの両方の
実施が可能にしておき，当日に臨むこともある．

　また，筆者は色つきの台紙に切り替えることもある．研修が長時間で
あり，クラスの雰囲気にくつろぐ感じや楽しむ感じが弱いと感じたとき
に，おこなっている．

14-7　意外と決定的なこと

　会場に菓子や飲み物を用意できると，格段にクラスの雰囲気がよくなり，研修がやりやすくなる（図21）．また，飲み物と紙コップを用意しておければ，研修会場最初のウオーミングアップとして，紙コップに写真素材を1枚か2枚貼って，自己紹介に使ってもらうこともできる．

図
21

15章　二つの事例を味わいながら

　ここでは，コラージュをおこなった個別事例とグループ事例をそれぞれコンパクトに紹介したいと思う．いずれの事例も筆者が実際にかかわったものであるが，参加者自らが報告したものである．コラージュの現場でよく起きることがうまく書かれている．

第一事例

　最初は，『寄りみち　こみち』（角川書店）というエッセイ集からである．17歳の女性が成長していく日常のなんでもない日々を描いた19編のエッセイのうちの最後にコラージュが登場する．健康な人の自己発見と成長につながる個人面接の事例である．

　著者の華恵さん（当時高校生）は，ひょんなことから，心理相談室で描画体験，コラージュ体験をしようと思い立つ．「頭の整理」ができるならという気持ちであった．

　相談室に着くと，「柔らかい感じの男の先生」が現れ，画用紙をテーブルの上に置きながら，コラージュの説明を始める．このときの筆者の算段では，自己啓発を目的とした面接であり，今回だけで終わりとなるため，少し急ぐ気持ちがあったのかもしれない．

　「今からやるの，コラージュっていうんですけど」と筆者．雑誌や広告からすでに切り抜いた写真をテーブルに広げ，彼女の前には画用紙とのりとハサミを置いた．そして「自分の好きな写真を選んで，それを好きなように貼ってもらいたい」という説明をした．

　さて，それではさっそく作りましょう，となっても，彼女は，しばら

く写真素材をじっと見つめていた．写真が多すぎて迷っているのかもしれないと筆者は勘違いし，「多すぎると選べないですよね」と言って，テーブルの上にあった写真の四分の一ほどをファイルに戻してしまった．しかし，彼女は実際には「大福の写真」に注目していたのだという．写真を筆者がファイルに戻すことで，その大福の写真が消えてしまったのである．代わりの写真も見つからず，選ぼうとすればするほどさっきの大福が気になっていたのであった．

　「もしかして何か探していますか？　まさか，さっきのファイルに戻しちゃったかな……ちょっと見てみる？」と言葉をかける．「すいません，お願いします」と彼女．

　　　あった，あった．私はファイルの中から大福の写真を取り出すと，さっそく角をすこし切り落として画用紙に貼った．……よし，まずはこれでOK．
　　　それからはもう，あっという間だった．メガネ，サクラ，明るい傘，ネコ……．次々と選んでぺたぺたと画用紙に貼る．欲しいものと要らないものがくっきりと浮かび上がってくる．全然迷わない．欲しいものは，どうしても欲しい．要らないものは，ぱっと捨ててしまいたい．こんなにたくさんの写真の中からこんなに簡単に選べることに，自分でも驚いている．なんだか小さい頃の自分が戻ってきたみたいな気持ちになる．……次々と「大好き」な写真を選び，あっという間にコラジュは完成した（175頁）．

　彼女は満足げに完成したコラージュを筆者に見せてくれた．筆者はじっと眺めながら，一つひとつの写真について聞いた．「この写真はどうして選んだの？」「これはどうしてこっちの色を？」「余白を残したのはなんでかな？」．

　　　（先生からの質問は）私がすぐに答えられるものばかり．先生に聞かれると，私は，話したくて話したくてたまらない気持ちになってくる．自

分が言いたいことが，スラスラとことばになって出てくる．しゃべるの
は自信がない，と思っていたのに．
　『僕の印象ではね』と前置きしてから，先生がすこしずつ話し始めた．
選んだ写真には，人が含まれてない．でも，違う形で，人との関係が表
れている．たとえば，余白の取り方も，人との心理的な距離を表している．
それは……．
　私（華恵さん）が大事にしているもの，決まりごとのようにしている
ことが，はっきりと浮かび上がってくる．知らなかった．自分のことな
のに．ひとつひとつ，ああやっぱり，と思い，納得する（176 頁）．

そして，コラージュの二枚めも作った．

　あらためて二枚のコラージュを見ながら思った．私，けっこういいじゃ
ん．人前では口に出して言えないけれど，自分のことが好きになるよう
な，褒めてやりたいような，そんな気持ちだ．誰から，「あなたはこうで
すよ」と分析されるよりも，素直に「これが私だ」と思える（177 頁）．

面接は 2 枚のコラージュを作り，終了とした．

　カウンセリングが終了して，私はコラージュ二枚を持って部屋を出た．
あたらしくあつらえた眼鏡をかけているみたいな，花粉症がいっぺんに
治ったみたいな，重苦しさがパッと晴れたようなすっきり感，栄養たっ
ぷりの温かいスープを食べた後のような満足感，なんだろう，これ」（178
頁）．

　彼女のコラージュとの出合いは，幸いにもよいものであったようであ
る．このエッセイは，コラージュを作り，分かちあう際に経験する本質
的なプロセスを鮮やかに見せてくれる．

(1) まず自由に好きな写真を使って，自由に貼って作品を作る
　これは，現実には好きなものを自由に手に入れることは無理でも，台
紙のイメージの世界ならば体験できるということである．それも写真の

切り抜きを選ぶ作業は，絵を描くことと比べると非常に負担が少なく，自分の思いを表現することができる．自分の内面世界を思いめぐらし，写真を自由に探し，納得する場所に自由に並べながら，自分を探ることはなんと贅沢な体験だろうか．

(2) 作った作品を人に説明する

作品が完成すると，それを人に説明することになる．自分の写真に対する思いを語り，自分の意味づけを明かし伝えることは，自分の奥深いところにある自分を一部であっても表現したことである．それは自分だけの独自の世界をもってよく，自分の世界を自分らしく意味づけしてもよいのだという自信を与えてくれるものである．

(3) 作った作品について人から応答をもらう

自分の作った作品に対して人から素朴な感想や印象をもらうことは，作者の心の奥底にある世界にそっとふれてもらうようなところがある．その他者のコメントが，作者の意味づけと異なる場合でも（というか異なるからこそ），それも多義的な意味の一つとして受け止められ，むしろ作者の世界を広げ，深めてくれることになる．新しい自分との出会いであり，多くは，少し感じていたものを言葉にしてもらったような納得感である．

(4) こうした体験は自己受容につながる

最初は「頭の整理」であったり自己発見であったりするが，最後は自己受容につながっていく．その様子を，エッセイでは見事に表現している．

「人前では口に出して言えないけれど，自分のことが好きになるような，褒めてやりたいような，そんな気持ちだ」と．

第二事例

　次のケースは午前から夕方までの長丁場のワークショップで，その最後にコラージュの時間があるというプログラムである．出典は「牧会ジャーナル WEB 版」のリレー連載『牧師夫人の窓』の三回めの記事である．中村結さん（ペンネーム）が，筆者の「聖書による美ぼうの講座（輝き篇）」というワークショップに参加した体験記となっている．会は牧師夫人限定のもので，結さんも牧師夫人である．

　結さんは，コラージュ経験者である．開催数日前に，主催者から確認メールが届くと，そこに「持ち物：ハサミとのり」と記してあったのを見つけ，「ああ，コラージュやるんだな〜」と，わくわくしたという．

　会場は学生街の一角にある建物の 2 階が用意された．参加者 18 名が席に着き，講師（筆者）と主催者の二人が入るとちょうどぴったりの大きさである．ミニキッチンや手洗いもついているフロアが貸切り．主催者から会冒頭に，ここで話された個人的なことは他言しないというルールが確認される．貸し切りに守秘義務．リラックスの条件は揃った．

　ワークショップは，3 名から 5 名の小グループによる話しあいが中心で，お題を出した後 30 分くらいの小グループでディスカッションし，それから全体での分かちあい，講師によるコメント＆レクチャーという構成が四セクションある．途中，参加者から「分かちあいの時間がたりない」とクレームが出るほど毎回のディスカッションが盛り上がった．

　　まずはオープニングの自己紹介．呼び名と「私の気晴らし」をひとりずつ披露した．ちなみに私（結さん）の最近の気晴らしは塩麹作りで，この時は完成めざして毎日一回かきまぜているだけだった．しかし休憩時間に，塩麹を使った簡単料理を教えてくださる方がいて，後日さっそく試してみることができた．こういうことも些細なようで，けっこう嬉しいおみやげだったりするのである．

　一つめのお題は、「あなたの顔が、もっとも輝いて美しかったのはいつだったでしょうか。どんな状況だったでしょうか。逆に、もっとも輝いていなかったのはいつだったでしょうか。どんな状況だったでしょうか」。まだ助走の時間帯であったけれども、それぞれ深刻に苦しいときがあったことが、充分うかがえる分かちあいだった。

　次に『あなたに一年間の時間が与えられたとします。課題は、自分の顔を輝かせ、美しくすることです。あなたなら、どのような計画を立てますか？』。私は、「イスラエルとヨーロッパを往復しながら、聖書世界とキリスト教会の歴史を体験！　ホテルはすべて五つ星！」という普段から抱いている願望（妄想？）話を披露した。この時間帯がどこのグループも一番はっちゃけていたのではないだろうか。聖地旅行は全体でもダントツの人気だったように思う。

　講師が「誰と過ごすか、について、皆さんの多くが、『夫婦で』とおっしゃっているのが印象的だった」というコメントをしていた。一般的に女性は夫婦での気晴らしを好まなくなるらしい。私たちは、常日頃、夫婦で力を合わせ、良い意味でも悲しい意味でも他に逃げ場がない、という点で、いっしょに苦労するしかない特殊な仕事だからであろうか。

　昼休みをはさんで三つめの課題は、「あなたの生活をふりかえり、〈お祭り騒ぎの輝き〉〈仲間作りの輝き〉〈ほんの少し、はみだす輝き〉の三つの要素を点検してみてください」。自分の生活をいつもとは違った側面からふりかえる趣向である。

　続いて「本当の輝き」に関するミニ・レクチャー。聖書を開きながら本当の輝きについて短く学ぶ。このあたりになると、時間進行がやや押し気味となり、コラージュの時間を確保するためにレクチャーを圧縮する。

　そして、最後はおまちかねのコラージュ。テーマは「輝く私」。私（結さん）はできあがった作品に、『静けさのある輝き──神の作品として生きる』というタイトルをつけた。隣の席の方に、月のような輝きですね、

というコメントをいただく．家に帰ってその言葉を思いめぐらしながら
作品を眺めていると，「月光のように静謐な，心を照らす輝きで，闇の部
分もあたたかく見つめている」そんな輝きに憧れているのかな，という
新鮮な思いが湧いてきた（3 頁）．

　最後に，講師からのまとめ．一日をふりかえってみながら，何を学び，
何を体験したのか．そして，コラージュで表現した「輝き」はどのよう
なものであったか．この一週間，頭の片隅に入れておいて味わいましょ
う，と講師としてまとめた．

　この参加体験記も，研修会の盛り上がり方や儀式などのあり方がよく
描かれている．いくつかのポイントを，以下に述べたい．

(1) 研修には流れがある

　ウォーミングアップがあって，助走があって，上空高く舞い上がって，
あちらこちらを旋回し，やがて着陸に向かう．語りあいや，イメージを
使ったワークは，自己表出的に盛り上がるが，その分，終わり方をどう
するのかが問われる．たとえて言えば，開腹手術をしたあと，終了時間
には開腹した部分を縫い合わせ，日常にもどっていくことに支障がない
ようにしなくてはならない．このときの研修では，最後に台紙の小さい
はがきコラージュを導入することで，その日の研修のまとめとして，滑
走路に滑り込んだ．

(2) 非日常としての研修

　研修は非日常としてのよさがある．その日をこころまちにし，当日は
しぜんと集中力が出てくる．しかし，非日常だけかというと，自己紹介
で述べた塩麹が，料理談義のお土産になるなど，日常へのおだやかな感
化力も働く．ワークで作った作品を持ち帰り，見直すことも同様の意味
がある．

⑶　安全な空間

　研修で，相互作用性が活発に働くと，独特のざわめきが生まれる．ただ，似たようなメンバーが集まれば，いつでもこうしたざわめきが生まれるかというとそうではない．空間が安全なものになっている必要がある．

　ひとつは心理的な側面であるが，メンバーが等質であること（事例では牧師配偶者），守秘義務を守ることの確認などが効いてる．一方で，会場がフロア貸し切りでなにやら別荘に篭もるかのようで，物理的にも恵まれていた．このように物心双方の準備が揃うと，指導者・進行者の腕とは関係なく，研修会は充実する．

⑷　時間進行の工夫

　この事例の研修では，参加者から途中，分かちあいの時間がもっと欲しいという声を耳にした．声を聞かなくとも参加者の多くの方がそう思っているのは明らかだった．また，コラージュの時間を楽しみにしている人も多かった．プログラムの後半は，いろいろと小さなことがらを割愛し，圧縮し，分かちあいの時間をわずかながら増やし，コラージュの時間もなんとか確保した．当日の進行者と参加者の目にみえないやりとりも研修会の醍醐味である．

　二つの事例を紹介しながら，コラージュを指導する際に現場で感じるポイントを中心に述べた．本書の解説を参照し，実践し，事例のような体験を共有するようになることを願っている．

2

コラージュ Q&A

コラージュの質問にこたえて

◆Q1　教示

　さあ，これからコラージュを作りましょう，とよびかける場合，「コラージュ」「コラージュ療法」という言葉以外のよび方はありますか．なんかしっくりきません．

　まず「コラージュ」という言葉に違和感がある場合は，「切り貼り遊び」「切り貼り作業」などと日本語でよぶことも可能です．しかし「コラージュ」というわかるようで，わからないカタカナ言葉を使うほうが使いながら馴染み，うまくいく場合もあります．

　また，目的について，私の場合は，「何かがわかるものではなくて，作ったものをヒントにして，いろいろなことを考えていく方法」と説明することがあります．

　具体的な作成方法については，「自由に好きなように作ってよい」ということを，また，美術作品のようにじっくりと作るのではなく，いわば思ったまま即興で作ってよいと伝えることが多いです．

♣Q 2　作品の感想・コメントを伝える

　素人の私が勝手に生徒の作った感想を言っても問題はないでしょうか？

　感想が正解とか解答ではないのだということ，指導者の感想も，子どもの感想も，対等に同じように大切なものであるということを，指導者も作成者も理解しておくことが大切です．

　さて，実際に感想を言うときに気をつけたいことは，多弁に言いすぎないこと，肯定的に言うこと，無理に感想全体を統一する必要はないこと，比喩を意識して見つけること，また，過去のその人の作品（集団であればその場の他の作品）と関連づけて言うこと，などです．

　自分が感想を言うことに少しでも不安があれば，無理していう必要はありません．不安がなくなるまで待ちましょう．そういう人は自分がまず作り，自分の同僚や友人に見せて感想を言ってもらう経験を何回かしてみるといいでしょう．

♥Q 3　心理テストでない？

　コラージュを，バウムテストのような心理テストとして考えてよいのですか．

　心理テスト的な要素はあります．しかし，純粋に描画テスト（絵画テスト）の一つとしてはくくりきれないように思います．あえていえば，コラージュは心理療法の一つで，テスト的な使い方も多少できる，といったところでしょうか．

　バウムテストなど一般の描画テストでは，描く人が画用紙に書く段階で，頭の中にあるイメージを絞り込み，描くことになります．バウム（樹木）を描く際も，実際にはいろいろな樹木のイメージがあり，いろいろ

な描き方があるのです．また，形にならない漠としたイメージもからみついています．そうした混沌としたものを必死に頭の中で絞り込んで描くにいたるのです．だから，描き終わった画用紙の上の像は，最初の頭の中のイメージからは格段に統合されたものになっているのです．

　一方，コラージュは，描画テストほど絞り込まずに，漠としたイメージのままに，複数の写真を貼り付けていくことができますので，作品が完成した段階では，まだイメージは多義的なままの世界をとどめているのです．完成後の分かちあいを丹念におこなうとその時点で，統合に向けて動きだします．コラージュの魅力は，この絞り込みの段階でも，まだ多義的なニュアンスを残しながら先に進んで（二枚めなど）いけることです．

　私がコメントをする場合でも，たいていはテスト的所見にしないようにします．それではコラージュの魅力が生かせないからです．治療的，教育的な大胆な仮説をコメントします．そこまでしなくとも，印象だけでもよいので，それをコメントします．

♠ Q4　イメージを受け止めるコツについてうかがいたい．なかなか作品をみても，作者の心の世界が当たらないので．

　それではまず「当たる」「当たらない」ということから考えてみたいと思います．

　たとえば，一枚の絵画作品を手にして，絵画テストの専門家が分析すると，まるでレントゲン写真を見るかのように，ぴたりとわかる，そういうイメージがあるのではないでしょうか．コラージュでも同じです．

　またカウンセリングにしても，適当に絵を描かせておけば，あるいは適当にコラージュを作らせておけば，電気マッサージ機のように自然とよい作用が及ぶ．そういうイメージがあります．

　はっきり言って，そういうことはありません．私はこうした考え方には二つの誤りが潜んでいると思っています．

　第一に相互性という考え方が欠落していると思います．

　この相互性というのは，描く人と描かせる人の間に活発な影響関係があるということで，それは言葉であろうと言葉以外のものであろうといろいろなのですが，二人がいることでイメージの表現が変わってくるのです．描かせる人が変われば描く人の作品が変わるということが本当にあるんですね．それは露骨に影響することもありますし，そっと微妙に影響することもありますが，いずれにしろ影響しているのです．私は，グループワークをしているときに，特に用意していたわけでもないのに，あることを熱心に話すことがあります．そうしたことも，相互性なんですね．微妙な参加者のざわめきやまなざしや，あるいは作品のなかの何かに私が知らず知らずに反応して，いわば引き出されて話をしているわけです．

　もちろんこうした相互性を積極的に認めてしまうと，法則や分析は成り立ちません．1＋2は3になるというときに，これは必ず3になると考えないと先にすすめません．ある一人の人が，道で偶然二人づれの人たちに出会ったところ，実は二人づれの一人がいがみあうような関係で，こそこそと一人が逃げ出したとなれば，1＋2も2ということがありえるわけですが，そうは考えてはいけないことになっています．それが近代科学の客観主義の考え方です．

　しかし，人の心を考えるときには，必ずしも近代科学的な方法をとる必要はないのですね．むしろ，それらの呪縛から自由になっている必要があるのかもしれません．

　さて第二として，多義性という考え方が欠落しています．

　多義性の反対の言葉は一義性です．答えが一つあるという考え方です．逆に多義性という考え方は一つの事柄が同時にいくつもの意味を併せもっていて，どれもが真実なのだという考え方です．一枚の絵のある

特徴に対して，正しい解釈の答えが一つだけあると考えるのは一義性の考え方です．実際には，幾十もの，こういう意味，ああいう意味，それからこんな意味といった具合に層を作るようにさまざまな意味が折り重なっています．実際には，とりあえず，この辺の意味を一つ，二つ，みつくろうことにして，とりあえず判断しているのです．

　コラージュの感想の場合もまったく同じです．多義性の世界です．どんな感想や指摘が正しいのかというのはないのです．グループワークであれば，参加者一人ひとりの感想がみな意味があるのです．あとは描き手自身やグループメンバーが，どの意味にぴんと感じるかで，より意味のあることがらが明らかになってきます．ですから，コラージュの感想が二つあって互いに矛盾しているように思えてもかまいません．大事なのは感想を寄せた人が本当に少しでもそう感じたのならそれでいいのです．

　ただ知的な操作で感想を作り上げようとすると，それはおかしいことになります．それでは相手の心に響きません．

　少しでもそう思えるという事柄をいくつも感じ取り，連想を広げていくということは，やはり近代科学の論理主義から自由にならなければできません．

　それではコラージュで，相互的で多義的な受け止め方をするとどうなるでしょうか．ハッとしたり，おやっとしたり，そうか，目から鱗だなあ，と思ったりすることが起きてきます．また，ハッとはしないけれども，どうも気になってしかたがない，じわじわとくるなというものも出てきます．それはある人が一人で，他の人の作品を見て当てる，当たらないというのとは違う世界です．ある人とある人が一枚の作品を前にしながら，今大切な意味が何なのかを発見しあう，探しあうという世界です．一つの正解に絞り込むのではなく，一つでも多くの正解を生みだし，広げていくという感覚ですね．

　しかし，こういう声も聞くことがあります．自分は感性が鈍いので，連想があまり働きませんというのです．コラージュを見て，一つの感想を言うのにもへとへとです．だから，たくさんの本当があったら困りますと．連想を出すのが苦行なら，コラージュ療法は苦行の巣窟になります（笑）．でも大丈夫です．誰もがふつうに取り組めば感想はあふれ出てきます．そうしたことを，つぎにお話しすることにします．

　まず，そうした人は，なるべく多くの人の作品に接することです．多くの作品に接しますと，自然と標準反応のようなものがわかりますから，ある作品を見たときに，あれ，ここが珍しいなあとその作品の特徴が目につくようになります．この標準反応からのズレ方を感受するようになると，しめたもので急に自信が出てきます．私などは無手勝流に感じたままを連想して発言しているのですが，突飛なことや唐突なことを案外言っていないと思うのですね．それは，あれ，ここがめずらしいな，この人のユニークな表現だなあというところに集中していくわけです．そして，そのイメージはその人があえて表現したいところなわけですから，大事な連想につながっていくのです．画面全体に等分に集中しているわけではないのです．それでは，かえって散漫になってしまいますから．そして，安心して集中できると連想もわくものなのです．

　もう一つ，これは標準反応ではないのですが，一つの作品の中に共通しているテーマや比喩を探すことです．そうすれば，連想が活発になること間違いありません．

　たとえば，太陽が貼ってあって，まったく違うところに星が貼ってあったとすると，どこかで，このコラージュは天空を表現してはいまいかと思ってみます．そうして眺めると天空に関係する，バルーンとか，雲とか，ロケットとかそういうものが見えてきます．

　そして比喩ということですが，比喩の次元まで注目していきますと，これはもう無限といっていいくらい広がりが出てきます．たとえば太陽

が大きく扱われていて，非常に印象的な表現だと感じたとします．そう
するとその「太陽」はどんな比喩がこめられているのだろうかと考える
わけです．照らす感じかな，明るみに出すということもあるかな，いや，
温めるという感じもあるなとか，燃え上がるという意味はどうだろうか
と．はたまた季節や時間をあらわすこともあるかもしれないと．こうし
て広げていくと，たとえば，別のところに「マッチ箱」が貼ってあって，「燃
え上がる」という比喩でくくってみようかなと思うのですね．こういう
ふうに比喩は無限に見いだせますし，また，比喩は人の生き方や考え方
にうまい具合に重なっていきますので，意味としてわかりやすく示唆に
富むものになるわけです．ぜひ比喩に注目してください．

　さて，標準反応や比喩と同じように便利な観点をもう一つ説明します．
それは作品の時間的流れを追っていくということです．この場合はもち
ろん，作品を何枚も作ることが前提なのですが，この観点は絶大な効果
があります．

　まず一作めよりも二作めの方が安心して見ることができます．少なく
とも一作めから続いて表現されているものと，二作めで変貌したものと
があって，それを見るだけでもいろいろなことが連想されるからです．
そして一作めから二作めへと流れのようなものが感じ取れるようになり
ます．同じように考えると三作めはもっと楽に受け止めることができま
す．そして四作めはもっとというふうになります．

　たくさんの作品に接して標準反応を感じるようにする．共通したテー
マや比喩を見る．作品の流れを追う．これだけでかなり違ってくるはず
です．

◆Q 5　台紙の使い方の特徴からわかることはありますか．

　描画は，普通，描く用紙を，実施者から参加者に（あるいはセラピスト

からクライエントに）渡すところから始まります．ここが大切です．描き終わった描画作品を解釈する際に，描画作品の用紙は，実施者から参加者に与えられた「世界」であると考えます．たとえば，もし，突然大きな会場に案内され，この会場を気のすむよう自由に使ってください，と言われたら，どうするでしょうか．何が起きたのかと会場片隅で肩に力を入れて警戒心たっぷりに会場の出入り口を睨み続ける人もいるかもしれません．自由に使ってくださいの言葉に小躍りして，走り回り，室内の備品をいじり回す人もいるでしょう．参加者が用紙を渡された時も同じことが起きています．

たとえば，ある人がかなり小さな写真素材を用紙の端っこにだけ，ちょこんと貼り付けたなら，与えられた世界が広いと感じてややとまどっていたり，あるいは不安に萎縮したり，あるいは，これから何が起きるのかを警戒したりしているのだと想像します．

逆にある人は用紙一杯にびっしり貼るかもしれません．与えられた世界はつかわなきゃ損！　という感じがあって，自分の世界を拡大させたり，目先の描写をあれこれ場当たり的にしているうちに収まりきれなくなったり，時にはもっともっと大きな世界を与えて欲しいと思っていたりするのです．

このように，この与えられた「世界」をどう使おうとしているのかという視点から類推できるのですね．

それでは，台紙から，はみ出す貼り方はどうでしょうか．

それは，与えられた世界に満足せず，その世界よりも自分の世界を優先して，仕切直しているわけですから，すごいことです．与えられたもの自体を疑って変えるかもしれないのです．自分の世界を頑固にもっています．

この場合も，大きくはみ出すときとほんのすこしはみ出すときとでは違います．本来の世界とそのルールを十分に意識しながら，少しはみ出した場合は，ほどよい個性派といえるかもしれません．

◆ Q5-2　空間の使い方

　台紙の使い方といったとき，右側に貼ったらこうだ，上に貼ったらあ
あだ，というような解釈方法はないのですか？

　先に，描画作品の用紙は，実施者から参加者に与えられた「世界」で
あると言いました．そしてそれを，突然大きな会場に連れて来られた場
面に，たとえてみました．

　その続きを話します．

　その大きな会場のどこに身を置くのか．会場をどう歩き回るのかも，
かなりの個性が出るものです．これが，ある人からは「空間象徴」とよ
ばれているものです．

　この場合，まず描画と，架空の会場に身を置くのとの違いを考えてお
く必要があります．会場に身を置く場合には，左右上下，どれも平等に
選択できる．思うままに動き回ればよいのです．

　しかし，描画の場合は違います．右手側（利き腕）が起点になるのです．
これは一種の制約です．左右上下，自由には動けません．

　まず一番自然体で，右手のスタート地点は，体に一番近い用紙のエリ
アです．つまり，用紙を真上から見ると，右下部分です．ここがいわば
会場の入り口．逆に入り口から一番遠い部分は，左上部分です．ここは，
会場出入り口から一番奥まったエリアといえます．よく引きこもりの子
どもが用紙の左上に小さなサイズでちょこんと絵を描くことがあります
が，奥まったところで身を縮こまらせているわけです．

　もうすこし用紙の位置と心理的意味の関係を概観したいと思います．

　たとえば，用紙の上のほうを使うには，体から遠く離れていかねばな
らない．そこに腕をもっていくのは大変なのです．逆に用紙の下の部分
は体に最も近い部分です．だから，体に近い部分は，「間近」で「まじ

まじと眺められる」領域，そしてそこから離れていく奥の（上の）世界は，「間近でない」「遠目に眺める」領域となります．すなわち用紙の下部分は，「現実」「常識」といったニュアンス，上部は「非現実（空想）」「理想」といったニュアンスになっていくと考えられます．

　また，左右はもっと制約が生まれます．起点が右側だとすると，用紙の左のほうを先にすませてから，次に右のほうを使っていけば，いつも用紙画面を一覧できます（先に右の方を描くと，左に移ったときに腕で右部分が隠れてしまう）．文字を左から右に書いていく理屈と同じである．
　だから，時間軸で，左は先，右は後．左が過去，右が未来，といったニュアンスになります．

　しかし，こうした世界の使い方と，体や利き腕との位置関係は，デリケートなもので，私の見解としては，いつも決定的に影響するとは考えません．そういう意味あいが人により，状況により，反映されることがある，くらいの理解が妥当なところだろうと思います．

　ほかにも，体の小さい子どもなら，用紙の上部は届きにくいから，普通の解釈と異なってくるのか．大きいサイズの模造紙を使うとどうか．机が広々としていて用紙の置く位置を移動させられる場合はどうか．そういえば，与えられた用紙をさっさと縦横を変えたり，回転したりする人がいるが，こうした人の，位置はどういう意味になるのか．
　また，左利きの人．右から左に向かって文字を書く民族．こうした場合はどうなるのか．
　これらはそこそこ勘案しなければならない問題です．

　このあたりは私の宿題にさせていただきます．しかし，この用紙の位置の意味（空間象徴）に初学者が深入りせず，そういうこともある，く

らいにしておくのがちょうどよいと考えています．

　もうひとつ．車がよく例に出されますが，雑誌や広告の写真は，売るための工夫が込められています．車は左向きの写真が多いのですが．なぜならロゴや文字は左向きの車でみると，自然な字並びで読むことができるからです．これがそういう制約があるのだと差し引いて考えることでもいいし，コラージュ・ボックス法ならば，あらかじめ右向きの車の写真を補強しておくということでもいいと思います．

♣Q6　コラージュ・ボックスを用意する
　コラージュ・ボックスを用意する場合の注意点を教えてください．

(1) まず身近な素材を見渡す．
　① 自分の手元にあるもの：新聞の折り込みチラシ．愛読雑誌．ＤＭ．
　② 問題意識をもてば，たえず定期補充できるもの：スーパーや百貨店などで配布しているカタログ，チラシ．旅行代理店の観光チラシ（お勧め）．
　③ 積極的に入手するもの：友人・同僚から読み終わった雑誌をもらう．同業者との交換．

(2) イラスト，白黒写真などはどう考えるのか
　　イラストの素材は潤沢に揃えたいところです．動物写真は人物を表現するところを，刺激価を下げて，変わりに動物で表現するのに便利なものです．同様に，イラストも，現実度を下げて表現できるので，やはりそれを使えるように用意するのがよいと思います．
　　白黒写真もそうした意味あいがあります．不可欠ではありませんが，多少あるとよいと思います．

⑶ 文字はどうか

　文字の素材となると，さらにいろいろな配慮が必要です．文字というのは，写真やイラストが非常に多様なイメージを喚起するのに比べると，非常に一義的なイメージです．たとえば，「ぎらぎらと照る太陽」の写真と，「今年の夏は暑い!!」という文字とでは，格段にイメージの幅が違います．

　一般的には，文字をたくさん用意する必要はありませんし，一枚も用意しないのも，それほど不自然ではないと思います．私は，単に活字の素材を切り集めることはしてません．ただ，よく広告にあるのですが，文字自体がユニークなデザインであったり，ひとつの絵のように描かれているものを見つけた場合に，切り抜くようにしています．

　逆に，文字をふんだんに使ってもらおうと意図した場合は，そういう準備をします．これは応用技だと思いますが，そういうセラピストもいます．

　要するに，文字をどのように使うかは，イメージ表現の多義性を促すという観点と，よりメッセージ性を高める観点の間にあって，どのポジションでコラージュをやろうとしているのかによって決まります．

　なお，文字素材とは違いますが，各種のペンを用意しておき，クライエントから求めがあれば，自由に書き込んでもらうこともよいことだと思います（この場合も，あらかじめ最初にペンを使ってよいと教示する方法もありますが，私としてはイメージの多義性で勝負したいので，「求め」られてからにしています）．

⑷ 切り方はどうか

　コラージュ・ボックスに入れる素材をきちんと切る．これは，コ

ラージュづくりの時間が短くてすみますし，内的表現がいたずらに深まらない，という特徴があります．

　逆に，大雑把に切る．これは，制作者がさらに自分の手で切り加える余地が残されていますので，時間がかかる，そして関与度が高まり，内的表現が深まる，という特徴があります．この切り方の問題は，文字の使用と同じように，この二つの特徴の間で，どのポジションでコラージュをやろうとしているのにかかっています．

(5)　素材のサイズはどうか

　これは，使う台紙のサイズとの関係で影響を受けます．はがきサイズの場合には，より小さめのサイズでの素材が必要になりますし，模造紙などバカでかいサイズの場合には，より大きめなサイズの素材が必要になります．

　はがきサイズの場合，はがき画面に，イメージとして6枚，アルバムのように貼った場合を想像してもらうとよいと思います．それより大きくても小さくてもよいのですが，そのあたりが一番使われやすいサイズだと思います．ひとつのめやすとして，カタログや雑誌から切り抜く際の参考にしてください．

　私ははがきコラージュをおこなう場合には，小さめな素材が少し多くなるように調整しています．ただ，あまり心配する必要はありません．というのも，はがきサイズ以上に大きい素材があっても，使いたいサイズに切って使うことができるからです．

♥ **Q7**　コラージュのアレンジ（変法）を重視しているようですか，なぜでしょうか．

　コラージュ療法は，短期間で，驚くほど急速に普及しました．なぜで

しょう.

　美的満足感が得られやすい. 安全性が高い. いろいろな理由が考えられます.

　その中でも大きな理由として, コラージュ療法は, 自由度が高く, 実施者が工夫し, やり方を変えていくことが許容されていることが大きく影響していると思います.

　そのために, 多くの人に受け入れられましたし, いろいろな分野で用いられています.

　アレンジには, コラージュで体験するエッセンスが込められています. また, 特定の分野で普及しているアレンジには, その分野で有効な仕組みが備わっています.

　たとえば私は非行臨床の実務家として, ある時期から, 非行をおこなう若者が, 「背伸び・強行突破」の生き方をしていることに思いいたりました. そうした生き方が通用せず, 心理的な息切れ状態になるなかで, 非行にいたる. 非行は, 彼らにとって幻想的ながら適応努力になっているからです. 本当は寂しくて弱い自分を認められず, 否定し, 寂しくない自分, 強い自分を誇示する中で, 暴走が始まるのです.

　非行のコラージュも, そうした彼らの生き方から見ることができます. 彼らの作品の中には「景気のよい自分」「活躍できる自分」が出てきたり, 「寂しくない自分」が出てきます. 継続して面接する場合, 何枚か作ってもらうとそうしたイメージとは裏腹に, 弱い自分, 寂しい自分も少しずつ出してきます. そして展開していきます. 最終的には, 弱い自分と強い自分とを統合させていくところで, 大きく生き方が変わり, 非行からも卒業していきます.

　こうしたプロセスを「分割コラージュ」で扱うと, それこそ「強い自分」「弱い自分」の二つの世界を指定し, 1回の作品づくりで圧縮して体験することができます. それは面接においても, 研修指導においても, 有効だと考えています. こうしたアレンジは無限にあるはずです.

　一方で，無限にあるからこそ，とらえどころのないイメージも与えているかもしれません．

♥ Q7−2　コラージュのアレンジに関して

　もう少し，そうしたアレンジ（変法）について，その代表的なものを紹介してください．そしてその個々のアレンジの担っている特質を，簡単に教えてください．

　代表的なものといえるほどにはまとまっていないと思います．文献としては，「現代のエスプリ」386号の「コラージュ療法」でコラージュ療法におけるさまざまな工夫という章に，12件の記事が載っています．また，森谷寛之先生の『コラージュ療法実践の手引き』では，「さまざまなアプローチ」の項目で扱われています．

　私としては自分の実践でよい感触のあった変法を取り上げ，ここで概観したいと思います．

▶台紙のサイズを小さくする．「はがきコラージュ」

　コラージュは，自由度の高い技法です．

　貼り付ける写真も自由ですし，貼り付ける台紙も自由です．

　ここでは台紙のサイズについて，考えます．

　一般にA4判，B4判くらいの台紙が使われますが，一方で，はがきサイズの小さな台紙も使われます．はがきコラージュとよばれ，市民権を得ています．

　台紙のサイズが違うと，どのような影響があるのでしょうか．

＊台紙サイズを小さくすると　→

　狭い空間に貼りたいものを貼るには計算が必要になります．表現に知的なコントロールが働きやすくなります．その結果，意図的なメッセージがより込められます．

＊台紙のサイズを大きくすると　→

　自由に表現でき，情緒的，非コントロール的になる．深層の心理も表現される．

　台紙のサイズひとつとってみても，デリケートな影響があるということです．

　心理療法などを勉強すると，できるかぎりクライエントの内面を引き出したいと考えます．しかし，いたずらに深めてしまうと，開腹手術をしたら最後には縫合しないといけないように，その後の手当がいろいろと必要になります．

　心理療法では，「いたずらに深めない」と「きちんと深める」という両極の方向性があります．小さい台紙は「いたずらに深めない」効果があり，大きな台紙は「きちんと深める」効果があると考えられます．

▶ 画面を分割する．「分割コラージュ」

　コラージュでは，一枚の作品に対比的なテーマが出てくることがあります．

　強気の自分と，弱気の自分であったり，過去の自分と今の自分であったり，外に見せている自分と内に秘めている自分であったり，です．

　「分割コラージュ」は，あらかじめ対比的なテーマを引き出す仕組みになっています．

　これは，台紙に一本の線を引いて，二分割します．それぞれの区画に

異なったテーマでコラージュを作ります.

　対比的なテーマはあらかじめセラピストが決めます.

　なお，いわば一枚の台紙に二作品を作るわけなので，すこし台紙は大きめの物が望ましいですし，作成時間もすこし余裕をもちたいところです.

　だれしも無力感や劣等感，疎外感など，自分に関するネガティブな感情をもっています. そして普段はそれを認めず，むしろ真逆な自分を表現しがちです.

　コラージュでは，たとえば劣等感の強い人は，景気のよい，強い自分をいろいろと貼ります. しかし，面接を継続するなかで，少しずつ自分の劣等性や弱さを表現しはじめ，それが展開していくこともあります. 対比的なイメージの表現は，作る人の心の深みにふれるきっかけになります.

　最終的には，いろいろな自分を受け止め，それらを統合していきます.

▶ 3 次元の表現をおこなう.「マスク・コラージュ」

　コラージュという言葉は，フランス語で，のりづけるという意味の言葉から生まれています. 美術技法からはじまり，遅れて心理療法でも使われるようになりました. 心理療法としてのコラージュの場合，平面の素材や台紙が使われますが，立体物で作ることも可能です.

　私は紙皿による「マスク・コラージュ」をよく使います.

　紙皿は円形ですのでお面のように見立てることができます. でっぱりのある方が，顔の表面です. へっこみの方が，顔の裏側です. 比喩で考えると，表が人に見せている，あるいは見られている自分を表し，裏が人に見せていない，あるいは人に見られていない自分を表していると言

うことができます.

　「マスク・コラージュ」は, 台紙に立体の紙皿を使い, 表側と裏側の比喩を利用した方法です.

　比喩はいろいろとあり, 作り手の気持ちに影響を与えます. たとえば, はがきサイズの台紙を使えば, はがきを出す, という比喩が働きます. そのために, 人に見せ, 人に伝える「メッセージ性」が引き出されやすくなります.

　また, でき上がった作品を収納するきれいな袋を用意し, 作品を持ち帰る人に渡すとします. その場合, 作品を丁寧に扱い, 大切にすることは, 作者（参加者）を大切にする比喩になります. いろいろな比喩を見いだしましょう.

　▶ 作り手のイメージに応答する.「アンサー・コラージュ」

　一般に一人の人がコラージュ作品を作った際, その作品に対して, 他の人が質問したり, 感想を述べたりします. これは言葉で作品のフィードバックをしているわけです.

　こうしたフィードバックを, 言葉でなく, コラージュでおこなうのが, 「アンサー・コラージュ」です. あくまでも, 言葉でなく, イメージでフィードバックするというところが特徴で, 相互作用性を最大限に働かせ, 心の深い部分を積極的に取り扱うことができます.

　ほかにも, いろいろとあります. 言葉のワークのあとにコラージュを作る「DO コラージュ」や「パートナー・コラージュ」. 貼り付け素材を色彩優先で選ぶ「カラー・コラージュ」なども有力なアレンジです.

　個性的な方法ほど, なじむと使い勝手がよいかもしれません.

♠ Q8　たとえば, はがきコラージュを作り, その後アンサー・コラージュ
を作るとします. このようなプログラムをグループでする際, 用意する
写真素材は変えたほうがよいのでしょうか.

この質問は次のような質問にも読み替えられます.

はがきコラージュなどを使った, コラージュのグループワークをする
際, たとえば, 二枚の作品を作ってもらう場合, 素材は作るたびに別の
ものを用意したほうがよいのか.

私は, コラージュ・ボックス方式でグループをする場合, 机に素材を
並べておくのですが, 無理して替えなくてもよいと考えています. ただ,
実際問題, 一回めの作成で, 素材が減るので, その分新たに補充・追加
します. そうすることで少し目先が変わり, ほどよい刺激になるのだと
思います.

◆ Q9　藤掛先生が以前講義で, コラージュ作品を前に, ①作品の中で
一番好きな写真はどれですか, ②自分に似ている写真はどれですか, と
いう二つの質問を紹介していましたが, どのような意味がありますか.

コラージュ作品は, 作成者本人に自由に語ってもらうのが大切です.
また, 語られやすい技法でもあります.

ただ, そうならないときに, 相手の大切な世界を引き出す質問として,
いくつかの例を挙げたわけです.

「一番好きなものとその理由」というのは…….

答えやすい質問の代表です. また, 一番好きとした写真は, その人の

一番重要な情報が出てくる可能性が高いと考えられます．

「自分に似ているものとその理由」というのは……．

　やや答えにくい質問ですが，この質問に答えようと相手が考えるだけでも，コラージュの画面の写真が，自分自身の（比喩的に）分身であることを感じてもらう体験になります．
　そのなかで，あえて特定の写真を選んでもらえれば，比喩的に，「どんなところが自分に似ているのか」を考えていく流れを作ることができます．

♣ Q10　私は芸術療法というのは，そおっと見守り，あまり圧力を与えないようにするものだというイメージがあります．藤掛先生は，積極的に絵の世界を問いかけ，確認したりします．これはどう考えればよいのでしょうか．

　ケースバイケースだと思いますが，私は基本，問いかけるようにしています．
　もともとコラージュ療法は，無意識と意識との双方にまたがっており，言葉によって介入することに向いていると考えています．
　もちろん言葉によって介入してもよいと言っても，関係性をダメにしてしまうようなものは論外ですが．
　さらに，自我がタフな人たち（健康群）を対象とする場合は，問いかけがしやすくなると思います．

♥ Q11　ワークショップで，時間がかからず，そこそこ面白いコラージュ

のワークを教えてください．

　あくまで個人の好みですが，菓子や飲み物が用意されている会場の場合です．参加者が自分の紙コップに（側面でも底でも）1 枚か 2 枚の写真素材を貼って，自己紹介に使ってもらうというワークです．ワークショップ中，その紙コップを実際に使って飲みます．

♠ Q12　私はもともと話すのは好きなのですが，大勢の前になると，とたんにうまく話せなくなります．大勢の人の前で話せるようになるコツというものがあるのでしょうか．

　私は時おり講演をしますが，けっしてうまくなくて，滑舌も相当悪くて，アドバイスする資格はないかもしれません．
　ただ，もともと少人数の前では話せて，大勢の前では話せない，というご事情でしたら，人前で話す「姿勢」ということでは，アドバイスすることができるかもしれません．
　それは，100 点をめざして話さない，ということです．
　講演（あるいはスピーチ）を成功させようと高い基準を自分に課してしまうと，考えすぎたり，話しすぎたりして，空回りしがちです．そうなると会場の反応を見ることもできません．少人数のときのように，そこそこの点数の，しかし，思いの溢れるものをお伝えする，これに尽きると思います．

3

コラージュをアレンジして実施した事例

ある家出少女との面接から

まだ携帯電話やスマホが登場する以前の時代である．家出中に補導された少女を面接することになったのであるが，とにかくひょうきんな少女だった．当時，私は少年鑑別所に身を置く心理技官として，面接室でいろいろな少年たちと会うのであるが，そうした非行少年たちの素顔にいかにふれられるのかは大きなテーマであった．その際にコラージュは大きな助けになった．この事例は，私が面接でコラージュ作品を作ってもらう際に，相手の世界に合わせて実施方法を自由にアレンジしていくようになった最初のものである．

ひょうきんな家出少女

「カレ氏とホテルに泊まっていたの．楽しかった」と，その少女は家出生活を無邪気に話しはじめた．口を開くとそれまでの無表情な顔が急に愛くるしくなる．
「どこで知りあったの？」
「テレクラで」

「何歳くらいの人？」

「いろいろ」

「えっ？　いろいろって？」

「電話して，いろいろな人と泊まったから」

　面接者である私は，中学生の女の子を前にしていた．複数の男性と家出中にホテル住まいをする話に，私は内心，それじゃ，彼氏でもなんでもないだろうにと思いつつも，妙な寂しさに感じ入ってしまった．

　非行をおこなって，少年鑑別所に収容され，職員である私に面接を受けることになる少年少女たちは,驚くほど明るい．明るいというよりは,これでもかとばかりに明るさを押しつけてくる．「ひょうきん」といったほうがちかい．面接をはじめた頃は，緊張している子どもたちが，会話のなかで彼らのひょうきんさを出してくると，彼らの素顔を垣間見た気がしていた．ひょうきんすぎるから調子に乗って失敗してしまう．そう本人たちが説明する．こちらも同じようなことを心理学的な言葉で位置づけていく．だから現実原則を教え，常識的な判断と自制をするように助言し，健全な人間関係のなかであなたのひょうきんさを生かしなさいと懸命に話しかけたりもした．

　……やがて，それでは納まりきれない感覚を抱くようになった．冒頭の彼氏と豪語する女子中学生もそうだ．ひょうきんすぎるから，脳天気に新しい出会いを求めてホテル住まいを続けているとは，とても考えられない．たとえ一夜の関係であろうとも，優しい言葉をかけてもらう受容感を味わうために，あえて飛び出しているのだと考えたら，彼女の普段はおそろしく孤独なひとりぼっちな世界にちがいない．そして彼女のひょうきんさは，そのおそろしい孤独な世界に自分がいることを忘れるための，壮絶に戦う姿ということになる．

「なんか，話を聞いていてもあまり楽しそうな感じしないけどなぁ．寂しそうだよ」と私．

「わたし，寂しがり屋だけど，くよくよするタイプじゃないし……」

　彼女は話を続けた．彼女にとって孤独な状況にいる自分を見つめることは死ぬほどつらいことのはずだ．父親とは幼い頃に離別し，思い出がない．母親は優しかったが，まだ彼女が小学生の頃，こともあろうに彼女の目前で不慮の事故死を遂げてしまった．そうしたことを踏まえても，しかし，彼女は「くよくよ」せずに楽しく生きていると主張する．

　考えてみれば，これまで寂しさに鈍感になることで，はじめて不遇な状況を生き延びてきた側面が確かにある．しかし，これからは違う．それを理屈ではなく，寂しい自分を認めてもすべてが壊れてしまうわけではないのだということを感覚としてわからなければならない．そうすれば家出やテレクラ遊びのパターンがまったく違ってくる．しかし，命がけのひょうきんな生き方に，言葉はなかなか通じない．

幸せな結婚イメージ

　そこで描画の面接を設けることにした．絵は自由画でも課題画でも何でもよかったのであるが，心の奥底をイメージを掬いとるよりも，今，どのような方向に向かおうとしているのかという構えのようなものにふれたいと思い，コラージュ作りをおこなうことにした．コラージュとは，面接者があらかじめ雑誌などから切り取った写真をたくさん用意しておき，コラージュを作る人は，その写真から自由に選び取って，画面上に並べていくもので，既存の写真に新しい意味を与えていくおもしろさがある．

　「この箱の中にいろいろな雑誌や広告から切り取った写真や絵が入っているので，そこから気に入ったものや印象深いものや，要するに好きなものを選び出して，この台紙の上に好きなように置いて，貼り付けてみてください」

図
22

彼女は黙々と取り組んだ. 15分くらいすると図22のような幻想的な結婚・恋愛イメージを描き, 彼女なりに幸せな寂しくない世界を構築してみせた. しかし, 幸せな新居は, 殺風景なホテルにもみえる. やはりテレフォンクラブを介して, 男たちとホテルに泊まり, その男たちを「カレ氏」と呼ぶ, 彼女の必死の世界が, 画面に出ている. ここで, コラージュの作品を使いながら,「あなたは実は孤独なのにそれを隠している」と言葉で働きかけることも, 手としてはある. しかし, 私は, コラージュを作りながら味わっているはずの「感覚」にこだわりたかった.

「そうしたら, 今度はね. 作品の台紙を裏返してみてもらえますか. 画用紙の表側には, この (図22が描かれた面) イメージがありますね. 今度はそれをひっくりかえして, 正反対のこっち (裏) 側のイメージを何か考えてみてくれますか. ……そうそう自分で裏返してみてね」

私は言葉を使わずに, 彼女の幸せな結婚・恋愛という表側のイメージを外して, 裏側にある孤独な姿に迫ろうとしたのである. はたして彼女は, 孤独な自分にふれることができるのか. あるいは, それをあくまでも回避していくのか.

少女はけげんそうな顔つきで台紙を裏返して, しばらく沈黙を続けていた. ようやく踏ん切りをつけて,「何でもいいの?」と確認しながら,

今度はかなり手早く新し
いコラージュを作った.
手を動かしはじめてわず
か数分である. 図23がそ
れである. 1枚の用紙を挟
んで2枚のコラージュが
両面にそれぞれ作られた
ことになる. 表の作品同
様に隠しさは漂っている
はいるが, 彼女の意図した
ものは,「にぎやかな失恋

図
23

グルメ旅行」であり, 寂しくない自分にしがみつく結果となった.

　こうしたコラージュ作りは,「裏返す」という流れのなかで, 自分の
否定している孤独感を今(コラージュを作っているまさに今)どう見ようと
しているのか, その息づかいを感じとることができる凄さがある. 描き
手は自分の許容範囲の中で自己洞察する経験をもつし, 私のように査定
的な立場を与えられている者にとっては, 裏返したイメージの出しかた
のなかに, 描き手の, 自分を見つめることのできない, あるいは見つめ
ることのできる程度をリアルに感じとることができる.

　彼女はやはり自分の寂しさを見まいとして, 目先の楽しさや優しさに
しがみつく生き方を手放すことは当分できないのだろう. まだ無防備に
自分の孤独な真実な姿を直視しては, たちゆかなくなるという感覚が異
常なまでに強いに違いない. 彼女の表側のひょうきんさ, しあわせさを
無理して外させても, 今よりひどい混乱を招くだけなのかもしれない.
少しずつ彼女がひょうきんさという防御を脱いでいけるように今は長い
目で彼女を見守っていくしかないのだろう.

　結局, 彼女は教護院(現在の児童自立支援施設)でお世話になることになっ
た. あの彼女のひょうきんさは, 本当に幸せになるにつれて, きっとく

すんでいくにちがいない．そのときの彼女の素顔を思い描きながら，私
は面接を終えたのだった．

　私の出会う少年鑑別所のなかの少年・少女たちは，実に逆説的に自分
を見せてくることが多い．だから「ひょうきんな子」を叱ると，ますま
すひょうきんになっていく．「おちゃらけた子」に道理を説くと，ます
ますおちゃらける．しかし，「ひょうきん」も「おちゃらけ」も彼らの
素顔ではなく，彼らの精いっぱいの適応に向けた努力になっている面が
あるのだということを忘れてはならない．そして私にできることは，彼
らのかけがえのない，あえぐような思いを，彼らのペースで，裏返した
り，並べ直したりしながら，彼ら自身が気づかないでいる自分の素顔に
ふれられるように配慮していくことではないかと思っている．

　そして，短期間であればこそ，そうした彼らの仮面と素顔のギャップ
や，自分の素顔に目を向けようとする構えのようなものをきちんと受け
とめ，感じとっていくことが，心理臨床家としての最大の仕事ではない
かと思っていた．そして，その思いは今もかわらない．

おわりに ── コラージュとの出合い ──

　本書の「はじめに」では，突然A氏が登場し，コラージュ体験を述べた．A氏は実在しないが，筆者を含めて，コラージュを愛好している中年男性の幾人かをミックスしてイメージしたものである．A氏が「実際，いろいろな人に応援してもらっているし，そういう場面がいくつかAの脳裏をよぎった」と述べたとき，筆者自身もまた同じように，コラージュに出合い，いろいろな人に応援してもらったことを思い出していた．

◇貼り絵との出合い

　1982年，私は心理臨床家をめざし，法務省・横浜少年鑑別所に就職した．

　投影法テスト，とりわけTAT（物語分析）に憧れていた．

　ところが当時は過剰収容時代であり，最初の4年間は法務教官としての仕事に就いたので，非行少年たちの寮の日課指導で手いっぱいであった．とにかく忙しく，「投影法テスト」の勉強どころではなかった．当時少年鑑別所では全国的に「貼り絵」（色紙を押し棒で押しちぎって貼り付ける点描画）が盛んであったが，それに次第に魅せられていった．この貼

り絵については貼り方の形式的側面に注目して，論文にしたり，エッセ
イにしたりした.

♧雑誌連載をとおして

　1985 年 12 月，私の最初の転勤は，大阪少年鑑別所であった．ここか
ら，心理技官として面接室での仕事が中心になった．TATやロールシャッ
ハ・テスト，ソンディ・テストといった投影法テストの勉強も実践も思
う存分おこなった．1987 年，とある土曜日にひょんなことから『月刊
少年育成』誌の編集者と話す機会があり，私は TAT の体験を熱心に語っ
た．あけて月曜日，職場にその編集者から電話がかかってきて「描画の
話が実に興味深かった．ぜひうちの雑誌に連載してみないか」.「TATで
なく?」.「そう，描画」.

　それから生まれて初めての雑誌連載記事を担当した．29 歳の時であっ
た．一年間の連載が終え，それに書き下ろしを加えて，1999 年，やは
り生まれて初めての単著本『描画テスト・描画療法入門』（金剛出版）と
して世に出した.

♡自由気軽な世界で

　この雑誌連載はその後に大きく影響した．世の中に，私が描画を熱心
にやっている心理職という印象を植え付けた．以後，描画の講演依頼や
原稿依頼がくる流れができてしまった．もうひとつ，TAT はある程度学
術的なアプローチを意図していたが，描画は単純に日頃の面接などで役
立てばいいという気軽な気持ちで自由にやっていた．それを編集者に「そ
こが面白い．臨床現場の専門家の本物の体験知のようなものにふれられ
る」と押し出され，以後，私のスタイルとなった．それは今も続いてい
ると思う.

◇コラージュとのすれ違い

　大阪時代にはコラージュとのすれ違いがあった．ある精神医学の出版社の企画で，芸術療法事典の原稿依頼が舞い込んだ．私の担当項目は「貼り絵」「ちぎり絵」の二項目であった．「ちぎり絵」はほぼやっていなかったが，この原稿がきっかけでにわかに取り組んだ．興味深い事例にも恵まれて，なんとか依頼の原稿を書き上げた．ところがこうした事典ものでは起きることであるが，10 年遅延したり，最後は完成しないで終わることがある．このときの企画は後者であった．ところがこのときの企画書に，「コラージュ」項目があり，担当者が「森谷寛之」とあった．貼り絵と似た分野と思われ気になった．この事典の依頼が 1989 年か 1990 年のことで，森谷先生がコラージュ療法についての日本で初の口頭発表をしたのが 1987 年，その発表抄録が学会誌に掲載されたのが翌 1988 年のことであるから，これを受けてすぐの項目化ということになる．私はこの企画をきっかけにコラージュ療法の概要にふれ，なんと自由度の高い方法であり，当時の私の研究していた「貼り絵」の固い世界と対照的であると感じた．

◇家族療法の実地訓練

　私が，実際にコラージュ療法を経験したのは，大阪から，浦和少年鑑別所（現在のさいたま少年鑑別所）に転勤して二年めの 1992 年であった．非行以外の臨床にもふれ，臨床家としての力を付けたいと思い，土曜日に外部研修に出させてもらった．研修先は，千葉県にある家族療法の相談室に申し込み，そこで家族療法の実地の訓練を受けることにした．鈴木浩二先生が指導者であった．毎週通ったのは二年だったが，その後もよく通い，大きな影響を受けた．

　ちなみに鈴木浩二先生はキリスト教信仰をおもちで，来談者の中にも信仰者がけっこうおられた．さらに，その後ある研究会に推薦してくださり，キリスト教カウンセリングの大御所の平山正実先生や賀来周一先

生と知りあうきっかけをいただいた.

♣カルチャー・ショック

　私にしてみると，このときの家族療法の研修は，これまで熱心に非行少年とかかわり，非行臨床のいろいろなことを学んできたという自負があったのであるが，それが大きく揺さぶられる経験でもあった．カルチャー・ショックのようであった．私の当時身につけていたのは，心理テストを丹念に解釈したり，非行ケースを分析したりすることであった．司法分野であり，裁判官に意見を伝えるわけであるから，科学性のようなものを意識していた．ところが家族療法の現場では違った．面接ごとにいくつもの仮説が述べられるが，絞り込むというより，一貫性なく広がっていく感じがした．また面接でも，描画，とりわけコラージュを使うことがあったが，緻密な描画テストになじんできていた私は，その解釈の自由さ，大胆さに，驚いてしまった．

　しかし，この相談室に来談するご家族は，変化・成長していくし，コラージュを作る来談者は目を輝かせる．私は本務の非行臨床をひとまず脇に置き，週末はひたすら家族療法と自由な描画に没頭した．おそらくこの頃の私は，伝統的な枠組みの非行臨床と，自由で大胆な家族療法やコラージュ臨床を自分の内部で統合できぬままにいたのだと思う．

♡研修同期生からの刺激

　実地の研修は研修生として毎年三，四人が受け入れられていた．皆，意欲的で個性的な人たちであった．ちょうど研修同期の20代の若い女性（児童領域の臨床心理士）が日頃の実務で実施したコラージュ作品を持参し，嬉々として説明してくれた．このときの彼女の説明は当時の私に染みいるように入ってきた．その本体はオーソドックスなコラージュ療法であったと思う．私からしてみれば，描画テストという伝統的な土台に，芸術療法が乗り，つながった瞬間であった．それは，私が描画テス

ターに加え，芸術療法家になった瞬間でもあった．

◊アート・セラピーになかなかつながらない

　そして，そうこうするうちに，家族療法面接でおこなわれる大胆なコラージュもわかるようになっていった．とどめは，その研修で特別に用意されたアート・セラピー講座が開かれ，鈴木恵先生がその講座を担当されたことである．毎回驚きと感動の連続で，私はアート・セラピーの虜になった．アート・セラピーという言葉は，訳せば芸術療法なのであるが，鈴木恵先生もそうであったが，海外で学ばれ，臨機即応の介入をするアプローチは，あえてアート・セラピーというべきもののように思えた．

　鈴木恵先生はよくおしゃっていた．アート・セラピーの一部としてコラージュという道具を使うことはよくあるが，コラージュだけでいくと決めることはない．アートは発想の自由が命であり，既成の方法に縛られず，その面接ごとにクライエントの個性と問題にあわせたアート課題をセラピストが創作していくことが肝心であると．

　私は深く同意したが，描画テスト，芸術療法と重ねた物の上にアート・セラピーをすんなりと乗せることができなかった．家族療法の仲間と研修先の相談室でケースをもち，アート・セラピーを味わう分には問題なかったが，日常実務の非行性のアセスメントをおこなう面接者として，このアート・セラピーをどう受け止め，実務で活用し得るのかが，イメージできず，ほとほと困ってしまった．何か月か，寝ても覚めてもこのことを考えていた．

◇つながった！

　あるとき，鈴木恵先生との何気ない会話であったが，私が「描画テストでは作品に対して言葉で質問します．アート・セラピーは，描画後質問をアートでやるようなものですね」と言ったところ「そうそう」と相

づちを打っていただいた．そしてこのとき，私はつながったと思った．私のなかで精緻な描画テストと芸術療法と海外型の自由なアート・セラピーがつながった瞬間であった．これより日常実務でも積極的にコラージュを導入した．そのころの面接で，「家出を続ける幼い少女」を担当した際に，一作めに続けて，その作品を裏返し，台紙の反対面（比喩として人に見せない内面世界）に二作めを作ってもらったのであるが，当時の私にとって「つながった」ことを証しする記念碑的ケースとなった（3.コラージュをアレンジして実施した事例を参照）．その後も非行面接でもコラージュを使い続けた．少年鑑別所というところは短期間のかかわりであるのだが，通常の（芸術療法）のコラージュ療法を中心に，時折，ひらめくとアート・セラピータイプのコラージュをおこなっていた．当時，私の知る限り非行の実務面接でコラージュを使っている人はいなかった．興味深いケースも蓄積し，その有効性を発信したくなり，「つながった」から1年後くらいに「非行少年の素顔に触れるとき」（1994年）という記事を教育雑誌に発表した．また同じ年に学会に口頭発表もした．このころ少年院の教官と連携して処遇困難な在院生にコラージュ療法をおこなったが，これは少年院で初めておこなったコラージュ療法であると思う．またこの年は，すでに八王子少年鑑別所に転勤していたが，矯正や司法の実務家にこの技法を知っていただこうという趣旨で，八王子少年鑑別所が主催し，コラージュのワークショップを開催し，100名の参加者を得た．大盛会であった．このように1994年は「発信」という点で特別な年になった．

♧三つの世界を比較・統合する．

　ここまでの経過は，一言でいうと，精緻なテストの世界に住んでいた私が，オーソドックスなコラージュ療法を知り，ついで海外型のアート・セラピーの世界にたどり着いた物語である．

　このとき経験した三つの世界（「描画テスト」「芸術療法」「アート・セラピー」）

を比較・統合した試論を 2005 年に「非行少年に対する描画療法」とい
う題目で『現代のエスプリ』（462 号，至文堂）にまとめた．

♡まだ，迷った

　しかし，私はここからも迷った．海外型のアート・セラピーの世界を
堪能しつつも，描画テストや日本の芸術療法などのもつ「枠」を良い意
味で残して，なおかつ自由なアイデアを込めることはできないだろうか
と真剣に思った．

　すでに 1995 年に「家族画における介入的アプローチ」という論文を
書いた．「家族画」という用語を使ったが，家族イメージを扱う描画全
般をさし，私はコラージュを意識し，コラージュを積極的に取り上げた．
ここで苦労したのは，立場や姿勢を表す言葉をどうするかで迷った．従
来の芸術療法としてのオーソドックスな活動に，自由大胆なアート・セ
ラピーの息づかいをどう接ぎ木するのかでもあった．このときから私は
「介入的アプローチ」という用語を使い始めたが，結果的に普及しなかっ
た．

♤四つのやり方

　さて，ここでコラージュのやり方を四つに分けてみたい．

　ひとつは，①オーソドックスなコラージュ療法である．毎回のように
コラージュを作る．

　この方法が日本での実践の大半を占めているのではないかと思う．
アート・セラピー型のコラージュの自由さを思うと，そこには型がある
が，一般的な芸術療法に比べると十分に自由である．

　もうひとつは，②アート・セラピーとしてのコラージュである．この
場合，コラージュはたくさんあるうちのひとつの道具にすぎず，コラー
ジュはワン・オブ・ゼムである．

　ここからが私のこだわりであるのだが，次のように考えた．

③「時にコラージュ」．面接の流れの節目でコラージュを作るのである．終結面接などでは卒業儀式のような意味づけもできる．

④コラージュのもつ実施者の裁量の大きさに注目して，変法を積極的に開発していく．これは，①の立場のセラピストが実行するのに抵抗がなく，あらかじめ選択する変法の方法とその利点・欠点なども明らかにしておけば，②の立場の芸術療法の学習にも役立てることができる．

◇変法でいける

その後，勤務先の臨床で嬉々としてコラージュを使い，ある時期は，若手職員の研修などにも使った．また，2003年には法務省から民間の大学に転じ，新しい環境でますますコラージュを使う機会がひろがった．

2003年に書いた論文「はがきサイズの台紙を使ったコラージュ療法について」は多くの方から，反響をいただいた．ちなみに私がコラージュをすべてはがきサイズでおこなっていると誤解されがちであるが，ケースにより，面接の展開により，必要と感じたときに，あえて，はがきサイズの台紙を使うのである．

それはそれとして，このときの論文の反響は，アレンジ（変法）という切り口が（④の方法）有効であるとの思いを強くした．

♣運命のいたずら

ここで運命のいたずらが起こる．正確にいうと，20代の終わりに，描画の連載記事を書いたことが第一のいたずらであった．このときの影響は，他のテストではなく，描画を看板としていくのだということを決意することになり，学術的な提示にこだわらず自由な体験知で勝負することを考えるようになったことである．

そして第二の運命のいたずらが2006年ころに起こった．……．

この年はコラージュ療法研究者に激震が走った．具体的には，コラー

ジュ療法を創始した時期，人物など研究史についての論議が生じ，その延長上でさらにいろいろな問題が提起された．2009年に日本臨床心理学会倫理委員会が答申をおこない，コラージュ療法の起源が箱庭療法に由来し，森谷先生の業績であることが確認された．私は当時描画に関係した学会の常任理事をしており，編集委員会の副編集長をしていた．日本心理臨床学会倫理委員会の答申を待つ間，中立性を保とうと考え，自分個人のコラージュの原稿や発表を封印した．

　2009年に答申が出たものの，その年，今度は私は悪性リンパ腫の診断を受け，治療をはじめることになった．2011年に東日本大地震が起こった．このような流れのなかで，私のコラージュの研究は2006年から急停止した．

　封印した分，身近な場所でおこなわれているコラージュの研修講師を引き受けるようになった．それまで専門家向けの講義が多かったことに比べると，結果的に，健康な人たちを対象とするグループ・コラージュをすることになった．とりわけ，私自身がプロテスタントの信徒である関係から，キリスト教会の牧師先生方に対するメンタルヘルス関係の研修講師をお引き受けすることが急増した．

　考えてみると，「牧会ジャーナル」という牧師向け雑誌に創刊早々に，「牧師コラージュ訪問記」（1994～1995年）という連載を書いていたし，「牧会塾」という牧師向けの勉強会に講師参加していた時は，コラージュを使った体験型の授業をすることが多かった．少し乱暴な言い方をすれば，本来学会や論文に向けて使っていたエネルギーが，封印されたことで行き場を失い，決壊し，自己啓発を求める一般の人のグループを扱う活動に流れ出たのだと思う．

　結果的に，この10数年，私は，健康な一般の人を対象に，ワークショップ方式で，アレンジ（変法）を駆使しながら，コラージュをおこなってきたと言える．そしてそれは，そのときどきの運命のいたずらに影響を受けた結果である．

　そして本書も自由な発想で，一般向けにおこなうコラージュをメイン
に，わかりやすさを意識している．これも間違いなく，運命のいたずら
の影響である．

　こうした運命のいたずらに対して，またご指導いただき，支えていた
だいた方々に対して，感謝をもって本書を閉じたいと思う．

あとがき

　本書の成り立ちについて述べておきたい．

　「1. コラージュ入門」は，筆者がこれまでコラージュの研修会などで
講義した内容をコンパクトにまとめたものである．また，その一部には
「牧会ジャーナル」WEB 版に連載した「教会のためのコラージュ入門」
を基にしたものも含まれている．

　ついで「2. コラージュ Q&A」は，いろいろな機会に人から受けた質
問にこたえたもので，後日筆者のブログで公開したもので，自由に述べ
たものである．

　これらの二つの記述は，内容がやや重なるところがあるが，相互補完
的に読むことができればよいと考えた．

　最後の「3. コラージュをアレンジして実施した事例」は，1994 年に「月
刊少年育成」という雑誌に書いた記事の一部を載せたものである．コラー
ジュを本格的に面接に取り入れた頃の事例であり，「実施方法を工夫す
る」という現在のスタイルのスタート地点ともなっている．本書でもア
レンジ（変法）としてさまざまな工夫を紹介した．

　なお，本書の完成にあたっては二つ，特別に感謝をすることがある．

ひとつは，2018 年上半期に聖学院大学特別研究期間として時間と研究費を与えられたことである．もうひとつは，忍耐強く編集者として西村勝佳氏に同伴していただいたことである．この二つの助けがなければ，本書をまとめることはできなかった．期して両者に感謝申し上げたい．

2020 年 3 月

藤掛明

文献

藤掛明「非行少年の貼り絵の分析・点描方法における裏面貼りと重ね貼りについて」臨床描画研究Ⅲ, 160–174 頁, 家族画研究会（現日本描画テスト描画療法学会）, 金剛出版, 1988 年

藤掛明「非行少年の素顔に触れるとき・描画臨床の現場から」月刊少年育成 5 月号, 1994 年, 16–24 頁

藤掛明, 小島賢一, 中村尚義, 上野雅弘「非行少年のコラージュ」(1)(2), 犯罪心理学研究 32（特別号）, 1994 年, 20–23 頁

藤掛明「牧師コラージュ訪問記」(1)–(4), 牧会ジャーナル 1, 2, 4, 6 号, 牧会ジャーナル編集委員会, 1994–1996 年

藤掛明「家族画における介入的アプローチについて」描画臨床研究Ⅹ, 日本描画テスト描画療法学会発行, 金剛出版, 1995 年, 86–103 頁

藤掛明「描画テスト・描画療法入門～臨床体験から語る入門と一歩あと」金剛出版, 1999 年

藤掛明「ハガキを使ったコラージュ技法について」犯罪心理学研究 41（特別号）, 2003 年, 78–79 頁

藤掛明「非行少年に対する描画療法」現代のエスプリ 462 号, 至文堂, 2006 年, 189–197 頁

藤掛明「ハガキサイズの台紙を使ったコラージュ療法」聖学院大学総合研究所紀要 No.41, 2008 年, 327–353 頁

藤掛明「教会のためのコラージュ入門」(1)–(9), 牧会ジャーナル WEB 版 http://www.journal.pastors.jp/（有料）, 2012–2014 年

華恵『寄りみちこみち』角川書店, 2008 年

森谷寛之・杉浦京子・入江茂・山中康裕編『コラージュ療法入門』創元社, 1993 年

森谷寛之『コラージュ療法実践の手引き——その起源からアセスメントまで』金剛出版, 2012 年

中村結（2012）牧師夫人クラスの窓辺から, 牧会ジャーナル WEB 版, http://www.journal.pastors.jp/（有料）

　なお, 牧会ジャーナルは紙版も WEB 版も終了しているが, 膨大なバッ

クナンバーすべてを読むことができる.
問い合せ先　naokimori@mirror.ocn.ne.jp　（森直樹氏）

また，筆者のブログも本書に重なる内容を扱っている.
「おふぃす・ふじかけ」http://fujikake.jugem.jp/
筆者の活動全般の記録，雑感を掲載している.
「わーくしょっぷ・ふじかけ」http://fujikakeakira.jugem.jp/
筆者のコラージュの書籍，研修情報，研修教材を掲載している.
本書の関連情報も読める.

コラージュ入門

発行............2020 年 3 月 26 日　第 1 版第 1 刷発行

定価............ [本体 1,400 ＋消費税] 円

著　者........藤掛明

発行者........西村勝佳

発行所........株式会社一麦出版社

　　　　　　札幌市南区北ノ沢 3 丁目 4-10　〒052-0083
　　　　　　Tel.(011) 578-5888　Fax.(011) 578-4888
　　　　　　URL https://www.ichibaku.co.jp/
　　　　　　携帯サイト http://mobile.ichibaku.co.jp/

印刷............㈱アイワード

製本............石田製本㈱

装釘............須田照生

藤掛明
ありのままの自分を生きる
──背伸びと息切れの心性を超えて

いまかかえている悩みは，信仰がたりないことが原因なのだろうか……．自分の弱さを認め，受け入れるためのヒント．
四六判　定価[本体 1,200＋税]円

杉田峰康
ワンダフル・カウンセラー・イエス
──福音と交流分析

人間関係のこじれは教会においても例外ではありません．交流分析の第一人者が親密なこころのふれあいを体験できるようアドバイス．
四六判　定価[本体 2,200＋税]円

ポール・トゥルニエ著　山口實訳
生きる意味

トゥルニエ全思想の鳥瞰図！ 人生を積極的に生きる勇気がわいてくるトゥルニエからの熱いメッセージ！ その思想のエッセンス．
四六判変型　定価[本体 1,200＋税]円

向谷地生良
べてるな人びと
──第5集　神さまへの嘆願書

鷲田清一氏推薦！ 世界中から注目されるコミュニティー，べてるの家．幻聴や妄想と共存しながら暮らす，支え合う仲間とのべてるな日常．
四六判　定価[本体 1,800＋税]円

向谷地生良
新・安心して絶望できる人生
──「当事者研究」という世界

今日も明日も問題だらけの中で，自分で自分の助けかたを見つける．カーリング女子吉田知那美選手との対談付．
四六判変型　定価[本体 1,200＋税]円

黙想と祈りの集い準備会
テゼ
──巡礼者の覚書

世界中から多くの青年たちが訪れ，そこで歌われる祈りの歌は，世界中で歌われている．青年たちの心をとらえ続ける秘密はどこに？
A5判変型　定価[本体 1,800＋税]円

ジャン・バニエ　佐藤仁彦訳
ラルシュのこころ
──小さい者とともに，神に生かされる日々

ラルシュとはフランス語で箱船．知的ハンディをもつ人たちと共に暮らすなかで得た恵みと霊性を，半生を振り返りながら語る．
四六判変型　定価[本体 1,000＋税]円

柏木哲夫×栗林文雄
ホスピスのこころを語る〈CD 付〉
──音楽が拓くスピリチュアルケア

柳田邦男氏推薦！「一緒に泣き一緒に笑う時間を創り，人と人を魂レベルで繋ぐ音楽のすばらしさを，体験を通して語る対談に感動」．
四六判　定価[本体 2,200＋税]円